3권으로 읽는
자치통감 294·상

3권으로 읽는
자치통감 294·상

권중달 지음

도서출판 삼화

《자치통감》에는 무슨 내용이 있을까?

필자가 《자치통감》과 씨름해 온 지도 벌써 40년이 되었으니 《자치통감》은 필자 인생의 동반자나 마찬가지다. 그동안 방대한 분량의 《자치통감》을 한글로 완역하였고, 《자치통감》을 통하여 중국사를 보는 시각을 다룬 몇 권의 책으로도 출간하였다. 때로는 강의를 통하여 《자치통감》을 이야기했으며, 뜻을 함께 하는 이들과 《자치통감》의 원문을 읽는 작업도 진행해 왔다. 이와 같은 노력 덕분에 이제는 제법 많은 사람들이 《자치통감》에 관심을 갖게 되었다.

일반적으로 중국의 역사책이라고 하면 사마천의 《사기》가 대표적인 것으로 알려져 있다. 하지만 《사기》는 인물 중심의 기전체로 엮여 있어 마치 위인전을 보는 것과 같다는 평을 받기도 한다. 그에 비하여 사마광이 편년체로 엮은 《자치통감》은 인간과 사건, 시간으로 얽힌 역사를 종합적으로 이해할 수 있도록 구성되어 있다.

역사 교과서로서의 《자치통감》을 말하면서 필자는 우리나라의 세종대왕을 자주 인용한다. 세종대왕은 한글을 창제하기 전에 먼저 《자치통감》에 훈의를 달면서, 이 책을 널리 알리기 위하여 각 도에 엄명을 내려 《자치통감》을 인쇄하기 위한 30만 권의 종이를 마련하게 했다. 자신이 여러 번 탐독하였기에 그 깊이를 익히 아는 《자치통감》을 조정에서 관직을 가지고 있는 사람부터 지도자가 되려는 사람들에게 널리 읽히기 위해서였다. 세종대왕의 위대한 업적은 그가 어린 시절부터 통독했던 《자치통감》의 지혜에서 비롯되었다 해도 과언이 아닐 것이다.

몽골의 쿠빌라이도 중원으로 들어와 원 왕조를 세우면서 《자치통감》을 몽골어로 번역했다. 유목 생활을 하던 몽골족의 칸 쿠빌라이가 농경 국가인 중국을 효과적으로 통치할 수 있었던 것도 《자치통감》을 통하여 중원의 역사를 체계적으로 이해했기 때문이라고 할 수 있지 않을까.

어디 그뿐인가. 가장 놀라운 일은 신 중국을 탄생시킨 마오쩌둥이 《자치통감》을 17번이나 통독했다는 사실이다. 최종 학력이 호남제일사범학교 졸업인 마오쩌둥은 청나라 이후 근 100여 년간 분열과 혼란의 소용돌이 속에 빠져 있던 중국 대륙을 통일하고 중화인민공화국을 탄생시킨 장본인이다. 따라서 그는 학교 공부보다 《자치통감》을 더 많이 읽었을 것이고, 그의 지략과 혜안의 원천은 여기에서부터 시작되었다고 할 수 있다.

마오쩌둥은 평소에 청나라 말기의 이름난 역사학자인 왕명성의 말을 자주 인용했다.

"천지간에 없어서는 안 될 책이 《자치통감》이며, 공부하는 사람이 반드시 읽지 않으면 안 되는 책이 바로 《자치통감》이다."

또한 마오쩌둥은 《자치통감》에 대하여 이렇게 이야기했다.

"중국의 군사 전략가는 반드시 정치가는 아니다. 그러나 걸출한 정치가는 대부분 군사 전략가이다. 중국에서 왕조가 바뀌거나 시대가 바뀔 때 군사 전략을 모른다면 무슨 방법으로 정치를 하겠는가? 특히 전환기에서의 정치는 대부분 군사력에 의하여 좌우된다. 천하를 가지지 않고서는 천하를 공격하지 못하며, 천하를 가지고서야 천하를 지킬 수 있다. 어떤 사람이 《좌전》을 거론하면서 '서로 죽이고 죽는 책'이라고 했는데, 《자치통감》 속에 나오는 전쟁에 비한다면 《좌전》의 내용은 아주 단편적인 것일 뿐이다. 《자치통감》에는 벤다는 말은 없지만 그 내용을 살펴보면 말 그대로 서로 베고 베이는 일을 기록한 위대한 책이다."

이와 같은 말을 통하여 고졸 학력의 마오쩌둥이 중화인민공화국을 건설한 비결을 엿볼 수 있다. 그는 《자치통감》을 통하여 인간의 역사를 꿰뚫어 본 것이다.

솔직히 말하자면 인간사란 서로를 짓밟으며 죽고 죽이는 일상을 헤엄쳐 가는 것이 아니겠는가. 총을 쏘고 칼을 휘둘러 사람의 목숨을 직접 끊는 전쟁은 말할 것도 없거니와 평화스러운 모습으로 위장하고 있는 우리의 현실 속에서도 무소불위의 권력을 휘두르던 권력자나 돈을 물 쓰듯 써 재끼던 재벌들이 하루아침에 나락으로 떨어지는 경우가 비일비재하다. 패잔병의 신세가 되어 버리는 것이다. 아이들은 경쟁의 소용돌이 속으로 내던져지고, 젊은이들은 일할 곳을 찾아 부초처럼 떠돈다. 이것이 서로를 베고 베이는 시대가 아니고 무엇이며, 《자치통감》 속에서 반복되는 난세가 아니고 무엇이겠는가.

《자치통감》에서 끝없이 반복되고 있는 인간사의 양태를 깨닫는다면 우리는 삶의 방향을 알려주는 저마다의 나침반을 하나씩 얻을 수 있다. 목적지까지 가는 길이 아무리 멀고 험난하더라도 도중에 포기하거나 실패를 반복하는 일을 예방할 수 있는 것이다. 서로 베고 베이는 세월 속에서 살아남아 역사의 주인공이 된 세종대왕도, 쿠빌라이도, 마오쩌둥도 《자치통감》으로부터 선물 받은 자신만의 나침반을 마음 속 깊이 간직하고 있었을 것이다.

이와 같은 가치 때문에 그동안 《자치통감》에 손을 댄 사람은 무척이나 많다. 그럼에도 불구하고 대부분의 독자들이 선뜻 《자치통감》의 책장을 펼치지 못하는 것은 원본의 방대함이 거대한 태산처럼 느껴지기 때문일 것이다. 중국 역사를 기전체로 다룬 1,600권의 역사책을 294권에 정제해 놓은 것임에도 불구하고 완독에 도전하기에는 용기가 필요한 것이다.

따라서 《자치통감》을 좀 더 쉽고 간단하게 접근할 수 있도록 해 달라는 요구가 필자에게 계속 이어져 왔다. 그러던 차에 몇 년 전 모 신문사에서 매달 한 편씩 간략하게 《자치통감》에 관한 글을 써 달라는 청탁을 받게 되어 매달 《자치통감》 한 권에서 한 사건씩 골라 연재할 기회가 생겼다. 한 사건이 《자치통감》 한 권 전체를 대표하는 사건이라고 단정하기는 어렵지만, 그럼에도 불구하고 중국 역사의 흐름을 이해하는 데는 큰 도움이 되었다는 독자의 격려를 받으면서 《자치통감 294》를 펴낼 동기를 부여받게 되었다.

때마침 주한 중국 문화원에서 '《자치통감》을 통한 중국 문화의 이해'라는 주제로 10회의 강의를 할 수 있는 기회도 얻게 되었다. 이때 청강하신 분들은 대체로 우리 사회를 이끌어 가는 분들이어서 필자 또한 무거운 책임감을 느끼게 되었는데, 한편으로는 강의의 말미에 이어지는 질의 문답을 통하여 《자치통감》의 내용을 간단히 다룬 입문서에 대한 필요성을 느끼게 되었다.

그리하여 이미 《자치통감》의 입문서 격으로 펴낸 바 있었던 《자치통감 산책》을 수정 보완하고, 모 신문에 연재했던 내용과 아직 게재하지 않은 부분의 원고를 만들어 《자치통감》 권1에서부터 《자치통감》 권294에 이르기까지 매 권마다 하나의 사건을 골라 아주 짧고 평이하게 기술한 《자치통감 294》를 펴내게 되었다. 짧은 이야기 속에 긴 역사의 숨결이 담겨 있는 《자치통감 294》를 통하여 독자 여러분들께서 '베고 베이는 세상'을 헤쳐 나가는 데 길잡이가 되어주는 나침반을 하나씩 거두시기를 기원한다.

2016년 12월
권 중 달 적음

목차

머리말 •4

주 전국시대 周 戰國

001 병사의 어머니를 울린 오기 장군 •19
002 마릉 계곡 소나무 밑에서 죽은 방연 •22
003 고치는 일에 앞장선 소왕과 무령왕 •25
004 인상여가 자존심을 지키는 방법 •28
005 소양왕이 무릎을 꿇고 얻은 것 •33

진시대 秦

006 나라를 망하게 한 연나라 태자의 복수심 •39
007 망국으로 이끈 진나라의 강력한 법 •42
008 서로 다른 사람들, 유방과 항우 •45

한시대 漢

009 부잣집 영감을 포기하고 천하의 주인을 선택한 유방 •53
010 과거에 멈춘 역이기와 현실을 달리는 장량 •56
011 한신의 능력과 유방의 능력 •59
012 명재상이 되는 두 가지 방법 •62
013 황제의 삶을 포기하게 만든 어머니 여 태후 •65
014 옳은 말을 하는 장석지, 그 말을 들을 줄 아는 문제 •69
015 천하의 미덕으로 남은 문제의 질박함 •72
016 태자를 둘러싼 네 여인의 치맛바람 •75
017 말없이 말하는 만석군 •79
018 황제의 잘못을 꾸짖은 동방삭 •82
019 무제와 급암의 인재론 •85

020 입술을 삐죽 내민 '반순복비'의 죄 ·88

021 무제가 대완국을 정벌해야 했던 속사정 ·91

022 무고의 난으로 태자를 잃은 무제 ·94

023 오환족의 독립 운동과 한나라의 정벌 ·98

024 선제의 '황제가 되는 고난의 길' ·101

025 소광이 자식을 사랑하는 방법 ·104

026 반성으로 백성을 다스린 한연수 ·106

027 어머니도 외면한 사람백정 엄연년 ·109

028 망국의 씨앗이 된 원제의 우유부단함 ·113

029 혼란의 주범을 다스리지 못한 원제 ·116

030 충신의 간언을 실천하지 못한 성제 ·119

031 여색에 빠져 나라를 망친 성제 ·121

032 정도왕 유흔의 후계자가 되는 길 ·124

033 하늘을 속이고 사람도 속인 성제의 최후 ·127

034 양웅의 흉노를 다루는 법 ·131

035 친정을 구하려다 나라를 망하게 한 왕 태후 ·134

036 가황제 왕망이 건국한 신나라 ·136

037 속임수로 시작하고 속임수로 끝난 왕망 ·139

038 현실을 외면한 개혁으로 망한 왕망 ·141

039 승부욕에 눈먼 왕읍과 실리를 보는 유수 ·145

040 광무제 유수의 논공행상 ·148

041 주인을 죽이고 불의후가 된 노예 자밀 ·151

042 광무제와 그의 처남들 ·154

043 망하는 길을 간 공손술과 성공의 길을 간 유수 ·157

044 명제가 스승을 모시는 법 ·160

045 북흉노의 속내를 꿰뚫어본 정중 ·163

046 서역으로 통하는 길을 뚫은 반초 ·167

047 치졸한 권력자 두헌과 강직한 충신 정홍 ·170

048 진정한 승리자의 의연함을 권고한 장포 •173

049 24세 황태후의 황제 세우기 •176

050 명언을 궤변으로 만든 안제 •180

051 이름값을 못한 번영 •183

052 환관에 의해 황제가 된 순제의 보은 •186

053 주목과 한소가 혼란에 대처하는 방법 •189

054 환제의 실정에 숨어버리는 인재들 •192

055 태학생의 청류운동과 환관들의 당고 •195

056 환관의 노복에게 뇌물을 주고 자사가 된 맹타 •199

057 관직을 팔아 곳간을 채운 영제 •201

058 황건적과 환관 십상시 •204

059 무력으로 황제를 바꾼 동탁 •207

060 난세의 영웅 조조 •210

061 헌제의 눈물겨운 피난길 •213

062 부하에게 신뢰를 잃은 공손찬 •216

063 조조의 유인술과 손권의 독립 전략 •219

064 과거의 역사로 미래의 삶을 가르치는 《신감》과 《명이대방록》 •222

065 난세를 다스리기 위한 중장통의 《창언》 •224

066 유비가 성공한 이유 •227

067 아내조차 지키지 못한 헌제 •230

068 유비의 칭제와 주희의 정통론 •233

삼국 위시대 三國 魏

069 헌제의 선양을 받은 위나라 왕 조비 •239

070 제갈량에게 황제가 되어도 좋다고 유언한 유비 •242

071 제갈량의 사람 보는 안목 •245

072 사마의의 사는 방법과 제갈량의 죽는 방법 •248

073 명제의 노여움을 푼 노육 ·251

074 무능한 황제 유선과 촉한의 운명 ·254

075 쿠데타를 일으킨 사마의 ·257

076 중요한 말을 알아듣지 못해 패한 문흠 ·260

077 사마씨에게 직접 칼을 뽑아든 황제 조모 ·263

078 바보 아버지 유비와 바보 아들 유선 ·266

진시대 晉

079 작은 원한을 못 이겨 대의를 그르친 손호 ·273

080 욕망을 채우기 위해 나라를 망친 가후 ·276

081 나라를 지킬 대책을 마련하지 않은 부여 ·279

082 관대함 때문에 공정함을 어긴 사마염 ·282

083 바보 황제 사마충과 음란한 황후 가남풍 ·286

084 진나라 조정을 담비와 매미로 가득 채운 사마륜 ·289

085 8왕의 난과 포로 신세의 황제 사마충 ·292

086 외가를 살리려 한나라를 세운 흉노족 유연 ·295

087 흉노족에게 몰락한 한인 왕조 ·298

088 충직한 신하, 현명한 아내, 반성할 줄 아는 황제 ·301

089 교만한 왕준과 주도면밀한 석륵 ·304

090 교육의 중요성을 강조한 무관 대막 ·309

091 단씨의 특별한 충성심과 석씨의 특별한 우정 ·312

092 가족에게도 외면당한 왕돈의 반역 모의 ·315

093 백성들의 환호를 받은 도간 ·317

094 임금 노릇하기 힘든 석륵 ·320

095 후조의 황제 석호가 불교를 지키는 방법 ·323

096 약삭빠른 사예교위와 무식한 황제 석호 ·325

097 내기를 잘 하는 환온의 선택 ·328

《자치통감》은 어떤 역사책인가?

사마광이 저술한 《자치통감》은 중국 대륙에서 펼쳐진 1,362년간의 역사를 총 294권으로 나누어 편년체로 기록한 것으로, 어느 한 시대나 어느 한 위인만을 다룬 역사책과는 다르다. 1,362년 동안 이어져 내려온 중국의 역사는 시대에 따라 추구된 이상도 다르고, 그에 따른 행동 양식도 다종다양한데, 《자치통감》에서는 이와 같이 역동적인 인간사를 마치 눈으로 보는 듯하게 생생한 표현으로 담아내고 있다.

다음의 표를 보면 알 수 있듯이 《자치통감》에는 다양한 역사의 변화 과정이 있는 그대로 드러나 있다. 주 왕조의 분열과 통일 과정, 이민족의 등장과 이동, 중원의 오랜 분열의 역사와 새로운 사상의 등장, 중원의 재통일과 그 변화 과정 등을 통시적으로 다룸으로써 매우 다양한 인간 활동의 양상을 접할 수 있도록 해 주는 것이다.

드넓은 중국 대륙에서 1,362년 동안 일어난 일들을 294권에 담아 놓았으니, 《자치통감》은 오히려 부담스러운 분량이 아니

권차	왕조	기록기간	내용
1~5	주	BC 403~BC 256 (148년간)	주나라의 권위가 무너지고 제후국들이 통일을 위해 각축전을 벌인 전국시대
6~8	秦	BC 255~BC 207 (49년간)	전국시대에 진나라가 중원의 통일을 준비하고, 통일을 완성했다가 망하는 과정
9~68	한	BC 206~AD 219 (425년간)	진의 해체와 유방의 한 왕조가 중국을 재통일하는 과정, 황제 체제의 성립과 왕망의 찬탈 과정, 왕망의 몰락으로 막을 내리는 전한 시대와 유수의 후한이 중원을 재통일하는 과정, 호족들의 등장과 후한의 몰락 과정
69~78	위	220~264 (45년간)	후한의 멸망과 위·오·촉한의 삼국시대, 위나라의 촉한 정벌 과정
79~118	晉	265~419 (155년간)	위의 몰락과 진의 등장, 삼국의 통일 과정, 북방 오호의 남하와 북방의 분열, 진의 남천과 남북 대결 과정
119~134	송	420~478 (59년간)	남조의 송 왕조와 북방 민족이 중원으로 내려와 이룩한 남북조시대
135~144	제	479~501 (23년간)	남조 송의 멸망과 제의 건국, 북조와의 대결 과정
145~166	양	502~556 (55년간)	남조 제의 멸망과 양의 건국, 북조와의 대결 과정
167~176	陳	557~588 (32년간)	남조 양의 멸망과 진의 건국, 북조와의 대결 과정
177~184	수	589~617 (29년간)	수 왕조의 중국 재통일과 멸망 과정
185~265	당	618~907 (290년간)	당 왕조의 성립과 중국 고대 문화의 완성 과정, 당말 절도사의 발호와 당의 멸망 과정
266~271	후량	908~922 (15년간)	당의 멸망과 후량의 건설, 오대십국의 진행 과정
272~279	후당	923~935 (13년간)	후량의 멸망과 후당의 건설, 오대십국의 진행 과정
280~285	후진	936~946 (11년간)	후당의 멸망과 후진의 건설, 오대십국의 진행 과정
286~289	후한	947~950 (4년간)	후진의 멸망과 후한의 건설, 오대십국의 진행 과정
290~294	후주	951~959 (9년간)	후한의 멸망과 송 태조 조광윤의 등장, 오대십국의 진행 과정

전 294권 총 1,362년간

라 너무 잘 다듬어 놓은 역사의 정수라고 할 수 있다. 294권을 오늘날의 책으로 환산한다면 대략 30권 정도의 분량이 될 것이다. 방대한 중국의 오랜 역사를 30권 분량으로 훑을 수 있다면, 이것은 결코 많은 양이 아니지 않은가.

이는 소설로 각색된 《삼국지》나 《열국지》 등의 분량과 비교해 보아도 자명한 일이다. 《자치통감》에서 삼국지에 해당하는 부분은 10권 정도의 분량인데, 요즘 책으로 환산하면 삼국지가 한 권 정도의 분량으로 다루어지고 있는 것이다.

시중에는 《자치통감》의 내용을 줄인 절요판도 나오는데, 이러한 종류의 책들은 역사적 사건의 흐름을 아무런 설명 없이 자의대로 끊어버리거나 생략하는 경우가 많아서 전체적인 내용을 아는 사람의 설명이나 해설이 추가되지 않으면 이해하기 어렵다는 하소연을 많이 듣게 된다. 인간의 삶은 역사의 파동 속에서 형성되는 것이므로, 거대한 역사의 물결을 바라보지 않은 채 개별적인 인간의 삶만 평가하는 것은 아무런 의미가 없다. 그런 점에서 《자치통감》은 시대와 인간을 보다 정확하게 바라볼 수 있는 통찰력을 제시해 준다. 《자치통감》은 편년체로 서술되어 있기 때문에 시대의 흐름과 그 속에서 벌어지는 사건을 조망할 수 있다.

따라서 이 책은 역사책이면서도 인간들 사이에 벌어지는 사건과 사건이 연속되어 마치 소설을 읽는 것 같은 착각마저 들게 한다. 절제된 문장은 문학적인 감각을 일깨우며, 시대에 따라 변화하는 인간들의 모습은 마치 철학사를 보는 듯한 느낌을 안겨 준다. 즉《자치통감》을 통하여 중국의 역사와 문학, 철학을 함께 접할 수 있는 것이다.

우리가 역사를 공부하는 이유는 지나간 과거의 옛날이야기를 즐기기 위함이 아니다. 더구나 우리처럼 어쩔 수 없이 중국과 이웃하며 살아가야 되는 운명을 가졌다면 우리가 살아갈 앞날을 설계하기 위하여 역사를 바라보아야 하는 것이다.

역사는 되돌아보는 것이 아니라 우리의 앞으로 불러내어 미래의 눈으로 바라보는 것이다. 여기에 가장 적합한 역사책이 바로《자치통감》이다.

주
전국시대

자치통감 권001~자치통감 권005
기원전 403년~기원전 256년(148년간)

周

戰國時代

周 戰國時代

주 전국시대

　　사마광은 《자치통감》의 연대를 왕조 중심으로 표기했는데 이 시대는 주나라의 천자가 모든 제후국 왕들의 주군으로 인정받던 때였으므로 시대 표기는 주나라의 연대로 기록되었다. 하지만 실제로 역사에서는 이 시기를 전국시대(戰國時代)라고 부른다.

　　전국시대는 《전국책(戰國策)》에서 다루어 붙여진 이름이다. 천자인 주나라 왕의 활동은 별로 없고, 주나라의 제후국인 일곱 개의 나라가 서로 힘겨루기를 하면서 세력을 넓히려고 경쟁을 하고 있던 시대다.

　　《자치통감》 권1에서부터 권5까지는 주나라 위열왕 23년부터 주나라의 마지막 천자인 난왕 59년까지 148년 동안 있었던 사건들을 서술하고 있다. 이 시대의 중국 대륙에는 많은 제후국들이 존재하였으므로 열국시대라고도 부른다. 《열국지》도 이 시대를 배경으로 한 책이다.

001

병사의 어머니를 울린 오기 장군

주 전국시대 1 (기원전 403년~기원전 369년)

　전국시대 위나라의 오기 장군은 병사의 몸에 난 종기를 입으로 직접 빨아 치료했다. 그런데 이 사실을 전해들은 병사의 어머니가 애통한 눈물을 쏟아내자 옆에 있던 사람이 의아해하며 물었다.

　"오기 장군이 그대 아들의 종기를 직접 입으로 빨아 치료해 주었는데, 어찌하여 그토록 슬피 운단 말이오?"

　병사의 어머니가 대답했다.

　"오기 장군은 예전에 내 남편의 종기도 입으로 빨아 고쳐 주었소. 남편은 감격하여 전쟁터에 나갔을 때 물러서지 않고 싸우다 죽고 말았소. 그런데 그가 또다시 내 아들의 종기도 직접 빨아 치료했으니 나는 이제 어디 가서 내 아들의 시체를 찾아야 한단 말이오."

　오기는 원래 아주 작은 위(衛)나라 사람이었는데, 이웃한 노나라에 가서 벼슬을 하고 있었다. 노나라가 강대한 제나라의 침략을 받게 되자, 사람들은 오기를 장군으로 천거했다.

그런데 이 과정에서 한 가지 문제가 생겼다. 오기의 처가 제나라 사람이었던 것이다. 오기는 훌륭한 전략가지만, 과연 처의 나라인 제나라와 전력을 다해 싸울 것인가에 대해 의견이 분분해졌다. 이 소식을 전해들은 오기는 주저 없이 자기의 처를 죽였다.

노나라의 장군이 된 오기는 제나라의 군사를 격파했다. 작고 약한 노나라가 강대한 제나라를 물리쳤으니, 오기의 명성은 크고 깊게 빛났다. 하지만 이런 승리가 모든 것을 보장해 주지는 않았다. 어떤 사람이 왕에게 가서 오기를 참소한 것이다.

"오기는 노나라에 도움을 준 것이 아니라 매우 곤란하게 만들었습니다. 그동안 이웃 나라에서는 힘이 약한 우리 노나라를 위험한 국가로 보지 않았는데, 이번에 오기가 강한 제나라를 이기는 바람에 상황이 달라졌습니다. 이제 이웃 나라들은 우리 노나라를 강하고 위협적인 존재로 생각하여 치려 들 것이므로, 오기는 오히려 우리를 어렵게 만든 것입니다."

이런 상황이 되자 더 이상 노나라에서 살기 어렵다고 생각한 오기는 현명하기로 소문난 위(魏)나라의 문후를 찾아가 받아주기를 청했다. 문후가 오기에 대해 묻자, 이극이 대답했다.

"오기는 단점과 장점이 있습니다. 그는 호색가이며 탐욕이 많으니, 이것이 단점입니다. 그러나 용병술로만 말한다면 춘추시대 제나라의 명장 사마양저도 그를 당하지 못할 것입니다."

위 문후는 사람을 채용할 때 그 사람의 장점을 보아야 한다는 것을 잘 알고 있었다. 문후가 장수로 등용하자 오기는 막강한 진(秦)나라와 싸워 한꺼번에 성 다섯 개를 얻는 전과를 올렸다.

전쟁의 영웅 오기의 생활 태도는 다른 장군들과는 달랐다. 음식과 의복은 하급 사병들과 같은 것이었고, 잠도 병사들과 똑같은 환경에서 잤다. 행군할 때도 말을 타지 않고 다른 병사들과 함께 걸어 다녔고, 먹을 양식도 스스로 짊어지고 다녔다.

이로 인하여 오기는 병사들로부터 존경을 받았다. 오기 장군의 명령만 있으면 병사들은 죽음을 두려워하지 않고 전의를 불태웠다. 보통 장군들과는 다른 오기 장군의 태도는 병사들을 감격시켰고, 전투의 승리를 안겨 주었다. 오기는 작은 은혜를 베풀어 병사들로 하여금 목숨을 바쳐 싸우게 하여 큰 힘을 끌어내는 용병술을 가진 유능한 장군이었다.

그러나 인간적인 기준으로 보자면 그는 벼슬을 지키기 위해 어머니의 상을 치르지 않았고, 자신의 출세를 위하여 처를 죽인 비정한 사람이다. 도덕적으로는 존경할 수 없는 사람인 것이다. 이와 같은 오기의 일화를 통하여 한 인간 속에 자리한 여러 가지 모습을 가늠하게 된다.

002
마릉 계곡 소나무 밑에서 죽은 방연

주 전국시대 2 (기원전 368년~기원전 321년)

제나라의 손빈과 위나라의 방연은 함께 병법을 배웠다. 공부를 마친 방연은 위나라로 가서 장군이 되었는데, 항상 손빈을 시기했다.

방연은 손빈만 없애면 자신이 당대 천하제일의 병법가가 될 수 있을 것으로 생각하고, 손빈을 위나라로 초청했다. 그리고는 온갖 술수로 법률에 옭아매어 손빈의 팔다리를 자르고, 얼굴에 죄인이라는 표식을 새기는 형벌을 당하게 만들었다.

혼자 움직일 수 없는 신세가 된 손빈은 제나라 사신의 도움을 받아 본국으로 돌아갔다. 제나라의 귀족 전기는 그의 재주를 높이 평가해 위왕에게 천거했고, 위왕은 손빈의 병법과 지략에 높이 감탄하여 스승으로 삼았다.

기원전 354년, 위나라의 혜왕이 조나라의 도읍인 한단을 포위했다. 조나라를 합병한다면 위나라는 매우 강대해지게 되므로, 초나라와 제나라는 조나라를 구원하기로 결정했다.

제나라의 군사가 된 손빈은 수레에 앉아 전술을 짰다. 그는 제나라의 군사를 위나라의 도읍인 양으로 가게 했다. 위나라의 주력 군이 조나라 한단으로 쳐들어갔으므로 양에는 약하고 늙은 병사들만 있을 것이라 판단한 것이다. 한단을 함락시킨 위나라의 군대는 제나라 군대가 도읍을 공격한다는 말에 군사를 되돌려야 했다. 그들이 계릉에 도착했을 무렵 제나라 군사들이 위나라 군대를 공격하여 크게 쳐부수었다. 손빈이 방연을 멋지게 이긴 것이다.

그로부터 12년 후 방연의 침략을 받은 한나라가 제나라에 구원을 요청했다. 손빈은 제 위왕에게 시간을 끌어 한나라가 망할 정도가 되었을 때 구원병을 보내라고 했다. 지금 당장 한나라의 요청에 응한다면 제나라가 한나라의 명령에 복종하는 것이 되지만, 전쟁이 진행되어 위나라의 군대가 지치고 한나라가 급박해졌을 때 군대를 보낸다면 일거양득이 될 것이기 때문이었다.

위왕은 은밀히 한나라에게 도와주겠다는 통지를 했다. 제나라가 도와주겠다는 말을 믿은 한나라에서는 위나라 군대와 다섯 번 싸웠지만 이기지 못했다. 나라가 망할 만큼 위급한 상황이 되자, 한나라에서는 다시 제나라에 도움을 청했다. 이때 손빈이 양을 향해 군사를 발동하자, 또다시 도읍지가 위태롭게 된 위나라 군사들은 한나라를 버리고 회군할 수밖에 없었다.

손빈은 위나라 군사가 제나라 군대를 얕잡아본다는 점을 이용한 유인책을 썼다. 제나라 군사들이 위나라 땅으로 들어간 후, 손빈은 병사들에게 아궁이를 10만 개를 만들게 해놓고 후퇴 명령을 내렸다. 다음날에는 아궁이를 5만개 만들어 놓고 후퇴 명령을 내렸다. 이와 같은 방법으로 아궁이 수를 절반씩 줄여가며 계속 제나라 군사를 후퇴시켰다.

위나라의 방연은 이 소식을 듣고 기뻐했다.

"제나라 군사가 매일 반씩 줄어드는구나."

방연은 정예군을 동원하여 빠른 속도로 제나라 군사를 추격했다. 손빈은 방연이 이끄는 위나라 군사가 저녁 때 쯤 좁고 험한 마릉 계곡에 도착할 것으로 예견하고 그곳에 군사를 매복시켰다. 그리고 큰 소나무 하나를 골라 껍질을 벗긴 후, 그 위에 '방연은 이 나무 아래서 죽는다.'라고 써 놓았다. 손빈은 병사들에게 이 소나무 앞에서 횃불이 올라오거든 무조건 그곳을 향하여 활을 쏘라고 지시했다.

방연의 군대는 밤이 되어서야 마릉에 도착했다. 방연이 글자가 쓰여 있는 소나무를 보고 부하에게 횃불을 들어 글자를 비추라고 명령했다. 횃불이 올라가는 순간 화살이 빗발처럼 날아왔고, 혼비백산한 위나라 군대는 바로 무너졌다. 방연은 손빈에게 돌이킬 수 없는 패배를 입었음을 깨닫고 그 자리에서 자결했다. 손빈이 소나무에 써 놓은 대로 된 것이다.

이 전투가 전쟁사에서 유명한 '마릉 전투'인데, 여기에 나오는 손빈은 《손자병법》을 지은 손자다.

003

고치는 일에 앞장선 소왕과 무령왕

연나라에 내란이 일어나자 제나라가 쳐들어와 왕과 태자를 죽였다. 이후 연나라 사람들은 소왕을 세웠다. 소왕은 국가를 일으키는 것은 재물이 아니라 사람이라 생각하고, 현명한 사람들을 구하고자 했다. 소왕이 재상 곽외에게 현명한 선비를 모셔오라고 부탁하자 곽외는 이렇게 말했다.

"옛날에 어떤 임금이 천금을 주어 천리마를 구해 오게 했는데, 심부름꾼이 천리마가 있는 곳에 가 보니 말은 이미 죽어 있었습니다. 심부름을 갔던 사람은 오백금을 내고 죽은 천리마를 사 가지고 돌아왔습니다.

이를 본 임금이 크게 화를 내자, 그 사람은 '죽은 말도 사 들이는데 하물며 산 말이야 말할 것도 없지 않겠습니까? 말이 곧 도착할 것입니다.'라고 말했습니다.

그 후 1년도 안 되어 천리마가 세 필이나 도착했다고 합니다.

만약 대왕께서 훌륭한 선비를 모시고 싶다면 저 곽외부터 시작하십시오. 그러면 저보다 더 현명한 사람이 어찌 천리를 멀다

하겠습니까?"

이 말을 들은 소왕이 곽외를 위하여 궁을 고쳐주고 스승으로 섬겼다. 그 결과 사방의 선비들이 앞 다투어 연나라로 몰려들었다.

중국 민족은 농경에 종사하던 사람들이었기 때문에 전투에도 익숙하지 못했고, 그들의 의복 또한 전투에는 적절하지 않았다. 이에 비하여 북쪽의 이민족인 흉노족은 유목민으로 항상 말을 탔기 때문에, 그들의 복장 역시 말을 타기에 알맞은 것이었다. 흉노족은 중국 민족보다 우수한 전투력을 가지고 있었다.

중국 대륙의 가장 북쪽에 위치했던 조나라의 무령왕은 국가를 지키려면 군사력을 증강시켜야 한다고 생각했다. 그래서 백성들에게 흉노족의 호복을 입히고 말 타는 방법을 가르치겠다고 결심했다.

하지만 조나라 사람들은 호복 입기를 원하지 않았다. 중국 민족에게 있어 흉노족의 복장을 입고 그들의 습관을 익히는 것은 매우 상스러운 일로 간주되었기 때문이다. 특히 무령왕의 친척인 공작 성은 호복이 입기 싫어 아프다는 핑계를 대며 조회에도 나오지 않았다. 왕은 성을 초청하며 말을 전했다.

"나라를 다스리는 데 있어 가장 중요한 것은 백성을 이롭게 하는 것이고, 그것을 실천하는 일입니다. 그러니 아저씨가 백성들에게 호복을 입히는 데 공을 세우기 바랍니다."

그러자 성이 대답했다.

"중국은 성현들이 가르치는 곳이며, 예와 악이 쓰이는 곳입니다. 그리하여 먼 곳에 있는 나라들이 와서 보고 배우며, 오랑캐들은 우리를 모범으로 삼고자 합니다. 지금 대왕께서 이것을 버리고 먼 곳의 복장을 입히려 하시니, 이는 옛 도리를 변화시키는 것이고 인심에 어긋나는 일입니다."

성의 반론을 전해들은 무령왕은 직접 찾아가 말했다.

"우리나라 동쪽에는 제나라와 중산국이 있고, 북쪽에는 연나라와 동호가 있으며, 서쪽에는 누번국이 있습니다. 또한 우리는 진나라, 한나라와도 경계하고 있습니다. 그러니 말 타고 활 쏘는 준비가 없다면 어떻게 나라를 지킬 수 있겠습니까?

과인은 사방의 국경 지역에서 일어나는 어려움에 대비하고 우리를 괴롭혔던 중산국에 보복하고자 이와 같은 일을 하는 것입니다. 아저씨가 중국 풍속을 고집하여 복장을 바꾸지 않으려는 것은 지난날의 부끄러움을 잊은 것입니다."

그러자 성은 호복을 입고 조회에 나왔으며, 활 잘 쏘고 말 잘 타는 사람을 초청하기 시작했다.

무령왕은 친히 전투 일선에 나가는 용감한 모습을 보임으로써 진나라 사람들의 가슴을 서늘하게 만들었다. 이처럼 무령왕은 중국 민족의 전투력을 향상시키는 데 지대한 공로를 세운 사람으로 역사에 기록되어 있다.

004
인상여가 자존심을 지키는 방법

주 전국시대 4 (기원전 297년~기원전 273년)

기원전 8세기, 초나라의 보석 전문가인 변화가 산에서 귀한 보석이 들어있는 큰 돌을 발견하고 초나라 왕에게 갖다 바쳤다. 하지만 그 돌을 처음 받은 여왕은 변화의 왼쪽 다리를 잘랐고, 그 다음으로 돌을 받은 무왕은 변화의 오른쪽 다리를 잘라 버렸다. 돌 속에 귀한 보석이 들어 있다는 것을 알아차리지 못한 그들은 변화가 왕을 속이는 것으로 생각했던 것이다.

무왕의 뒤를 이어 문왕이 등극하자 변화는 그 돌을 품고 형산으로 가서 통곡했다. 이 소식을 들은 문왕이 사람을 보내 이유를 묻자 변화가 대답했다.

"저는 두 다리가 없어진 것을 슬퍼하는 것이 아니라 저의 충성심을 제대로 이해받지 못한 것이 슬퍼서 통곡하는 것입니다."

이 말을 전해들은 문왕이 그 돌을 깎으라고 명하여 그 속에 숨어 있던 보석이 세상으로 드러나게 되었다. 이 보석은 '화씨가 만든 구슬'이라는 뜻의 '화씨벽'이라 불리었고, 천하에 둘도 없는 보석으로 명성이 높아졌다.

500여 년이 지난 후 화씨벽은 조나라 왕에게 있었다. 이 사실을 알게 된 진나라 소왕은 조나라 왕에게 진나라의 성 15개와 화씨벽을 바꾸자고 제안했다.

조나라의 입장은 매우 난처해졌다. 강대국인 진나라의 청을 거절할 수도 없는 일이었고, 화씨벽을 내어주더라도 진나라로부터 성 15개를 받으리라는 보장도 없었기 때문이다.

조나라 왕이 이에 대해 물으니, 인상여가 대답했다.

"진나라의 제안을 수용하지 않는다면 그 허물은 우리에게 있고, 우리가 화씨벽을 주었는데 진나라가 약속한 성을 주지 않는다면 그 허물은 진나라에 있게 됩니다. 그러니 차라리 진나라에게 화씨벽을 준다고 하여 짐을 지우십시오.

그리고 제가 화씨벽을 가지고 진나라로 가게 해 주십시오. 만약 진나라에서 성을 내어주지 않는다면 제가 화씨벽을 온전하게 가지고 오겠습니다."

인상여가 진나라에 가서 화씨벽을 주고 상황을 살펴보니 진나라 왕은 조나라에 성을 줄 생각이 없다는 것을 알게 되었다. 인상여는 진나라 왕을 속여 화씨벽을 되찾은 후 자신의 수행인에게 넘겨 재빨리 조나라로 가지고 돌아가게 했고, 자신은 진나라에 남아 왕의 명령을 기다렸다.

이 사실을 알게 된 진나라 왕은 인상여를 현명한 사람이라 생각하고 예를 다하여 대접한 뒤 조나라로 돌려보냈다.

4년 후 진나라 왕이 조나라 왕에게 회담을 갖자고 제안했다. 조나라 왕이 두려워하며 가기를 꺼려하자 염파와 인상여가 말했다.

"왕께서 가시지 않는다면 이는 곧 조나라가 겁쟁이라는 것을 알리는 일이 됩니다."

조나라 왕이 회담장으로 갈 것을 결심하자 인상여가 왕을 수행하고 염파는 국내에 남아 있기로 했다. 염파는 국경 지역까지 왕의 일행을 호송한 후 왕에게 말했다.

"왕께서 회합을 마치고 돌아오시기까지의 시간을 계산해 보니 30일이 넘지 않습니다. 만약 30일이 넘어도 오시지 않는다면 국내에 남아 있는 태자를 왕을 세우고 진나라와 절교하게 해 주십시오."

왕이 진나라에서 죽더라도 조나라는 계속 이어져야 하므로 태자를 왕으로 세워 진나라에 대항하겠다는 염파의 결연한 의지가 드러나는 말이었다. 조나라 왕은 염파의 말을 수락했다.

회담 장소에서 만난 두 나라 왕은 함께 술을 마셨다. 술자리가 무르익을 무렵 진나라 왕이 조나라 왕에게 비파를 뜯어 달라고 청했다. 왕에게 비파를 뜯으라는 것은 예의에 맞지 않는 일이었으나 조나라 왕은 참고 비파를 뜯어 진나라 왕의 요구를 들어주었다.

이를 본 인상여는 진나라 왕에게 부를 쳐 달라고 청했다. 부는 북과 비슷한 악기인데, 부를 쳐 달라는 것은 비파를 뜯으라는 요구와 같은 것이었다. 진나라 왕이 거절하자, 인상여가 말했다.

"왕께서는 저의 다섯 걸음 안쪽에 계시는데, 지금 제가 제 목을 칼로 찔러 그 피로 대왕의 옷을 적시겠습니다."

이에 놀란 진나라 사람들이 인상여를 제압하려 했지만, 인상여가 눈을 크게 뜨고 꾸짖으니 나서지 못했다. 할 수 없이 진나라 왕은 내키지 않는 마음으로 부를 한번 쳤다. 이로써 인상여는 자기 나라 임금이 당한 망신을 되갚아 준 것이다. 술자리가 끝난 후 진나라 사람들이 조나라 왕을 도모하려 했지만 조나라에서 경비를 철저히 강화했기 때문에 감히 움직이지 못했다.

조나라 왕은 무사히 귀국하여 인상여에게 높은 벼슬을 주었다. 이로써 염파와 인상여의 지위가 뒤바뀌자 염파는 매우 불쾌해 했다.

"나는 조나라의 장군으로 전쟁에서 큰 공을 세웠다. 그런데 원래 하찮은 사람이었던 인상여는 헛되이 입만 가지고 윗자리를 차지했으니 나는 차마 수치스러워 그의 아래에 있지 못하겠다. 내가 반드시 인상여를 욕보일 것이다."

이 말을 들은 인상여는 염파와 만나려 하지 않았다. 조회가 있을 때는 병을 핑계로 출석하지 않았고, 밖에 나갔다가 멀리서도 염파가 보이면 수레를 이끌어 숨어 버렸다.

부하들이 이를 수치스럽게 여기자 인상여가 물었다.

"그대들이 보기에 염파 장군과 진나라 왕을 비교하면 어떠한가?"

부하들이 염파가 진나라 왕보다는 못하다고 대답하자 다시 인상여가 말했다.

"진나라 왕이 위엄으로 나를 대했을 때 나는 그를 꾸짖고 그의 많은 신하들을 욕보였다. 그런데 내가 비록 힘이 없다 한들 겨우 염파 장군을 두려워하겠는가?

강한 진나라가 감히 우리 조나라를 도모하지 못하는 것은 우리나라에 나와 염파 장군이 있기 때문이다. 두 마리의 호랑이가 서로 싸우면 결국 둘 다 살지 못할 것이다. 그러니 나는 국가의 일을 생각할 뿐, 사사로운 일을 미루어 두는 것이다."

이 말을 전해들은 염파는 부끄러워하며 인상여의 집에 찾아와 사죄했다. 그 후 둘은 서로를 위하여 목숨을 바칠 정도로 가까운 사이가 되었다.

소양왕이 무릎을 꿇고 얻은 것

주 전국시대 5 (기원전 272년~기원전 256년)

위(衛)나라 사람 범휴는 제(齊)나라에 사신으로 가는 수가를 따라갔다가 제나라 양왕의 총애를 받게 되었다. 양왕은 범휴의 논리 정연한 변론에 감동하여 진귀한 선물을 하사하고 술도 내려 주었다.

이와 같은 모습을 옆에서 지켜본 수가는 고까운 생각이 들었다. 그는 범휴가 고국인 위나라의 일을 제나라의 양왕에게 밀고했을 것이라고 생각했다. 위나라로 돌아간 후 수가는 재상 위제에게 범휴를 모함했다.

화가 난 위제는 범휴에게 태형을 가했다. 범휴는 갈비뼈가 부러지고 이가 빠질 정도로 매를 맞았다. 그가 숨을 멈추고 죽은 척하니, 위제는 그의 시체를 갈대로 둘둘 말아 변소에 두게 하고 술 취한 사람들이 그의 몸에 방뇨케 하는 치욕을 주었다.

범휴는 그곳을 빠져나갈 궁리를 하다가 자신의 시신을 지키는 사람을 포섭했다.

"나를 여기서 나가게만 해 주시오. 반드시 후사를 하리다."

범휴를 지키던 사람이 위제에게 보고했다.

"범휴가 죽었으니 내다버리게 해 주십시오."

술에 취해 있던 위제가 이를 허락했다.

이렇게 해서 범휴는 겨우 사지를 빠져나왔는데, 위제가 다시 범휴를 잡아오라는 명령을 내렸다.

범휴는 이름을 장록으로 바꾸고 정안평의 집에 숨어 있었다. 마침 진(秦)나라 사람 왕계가 위나라에 왔다는 소식이 들려왔다. 범휴는 한밤중에 은밀히 왕계를 찾아가 자신을 진나라로 데려가 달라고 부탁했다. 왕계는 자신의 수레에 범휴를 몰래 숨겨 진나라로 돌아갔다.

왕계가 진나라 소양왕에게 범휴를 추천하니, 왕이 그를 이궁에서 만나기로 했다.

범휴는 약속 장소로 가면서 일부러 헤매는 척하며 잡인들의 출입이 금지된 왕의 길로 들어갔다. 맞은편에서 오던 왕의 일행이 그를 발견하자, 환관들이 화를 내며 달려왔다.

"길을 비켜라, 왕께서 오고 계신다!"

그 말을 들은 범휴가 말했다.

"진나라에 왕이 어디 있는가? 진나라에는 다만 태후와 양후만 있을 뿐인데."

당시 진나라의 정치를 주관하는 사람은 소양왕이 아니라 선태후와 양후 위염이었다. 있으나마나 한 왕의 입지를 콕 집어

지적한 말을 듣고 정산이 번쩍 든 소양왕은 주위의 사람들을 물리치고 범휴 앞에 무릎을 꿇었다. 자신의 정치적인 입지를 정확히 알고 있으므로 자신의 정치적 입지를 굳힐 방법도 알고 있으리라 생각한 것이다.

"선생! 과인에게 무엇을 가르쳐 주려 하시오?"

하지만 범휴는 그저 "예."라고만 대답할 뿐 뾰족한 수를 말하지 않았다. 소양왕이 세 번이나 같은 말을 묻자, 범휴가 대답했다.

"신은 떠돌아다니는 처지라 대왕을 잘 알지 못합니다. 저를 왕의 골육처럼 가까운 처지에 두신다면 충성을 바칠 것이지만, 저는 아직 대왕의 마음을 알지 못하겠습니다. 이것이 바로 세 번 물으셔도 감히 대답하지 못한 이유입니다."

"이 무슨 말씀이오? 지금 과인이 선생을 얻었으니, 이는 하늘이 과인에게 선생을 번거롭게 하여 종묘를 보존케 하려는 것이오. 선생께서 모든 것을 가르쳐 주기를 원하니 과인을 의심하지 마시오."

소양왕이 말하자, 그제야 범휴는 절을 올리며 계책을 말했다.

"그동안 진나라는 근교원공 정책으로 이웃 나라와 외교를 맺고 먼 나라를 쳤는데, 이는 싸워서 이기더라도 한 치의 땅도 차지할 수 없는 정책입니다.

오히려 가까이 있는 나라를 쳐서 영토를 늘리고, 먼 곳에 있는 나라와 외교를 맺어 가까이에 있는 나라를 도와주지 않도록 하는 근공원교 정책을 써야 하는 것입니다. 가까이 있는 한나라나 위나라를 치고, 멀리 있는 초나라나 조나라, 제나라와 외교를 맺으십시오."

이 말에 감탄한 소양왕은 범휴를 객경으로 삼고 군사에 관한 일을 함께 논의했다. 범휴는 여러 정책을 시행하며 태후를 폐위시키고 양후 등을 내쫓으며 진나라의 재상 자리에 올랐다. 범휴가 제시한 새로운 근공원교라는 외교정책은 결국 진나라가 다른 여섯 나라를 합병하는 기초가 되었다.

진시대

자치통감 권006~자치통감 권008
기원전 255년~기원전 207년(49년간)

秦時代

秦時代

진시대

　《자치통감》의 권6부터 권8까지의 사건은 진(秦)나라를 중심으로 펼쳐지고 있으므로 이 시대를 진시대로 분류한다. 주나라의 제후왕이었던 소양왕 52년부터 중원을 통일하고 황제의 시대를 펼친 진나라 2세 황제 3년에 이르기까지 모두 49년간의 역사가 기록되어 있다.

　진나라는 원래 서주의 효왕이 진비자에게 분봉한 진읍에서 시작되었다. 기원전 770년 주나라 평왕이 동쪽의 낙읍으로 천도할 때 천자를 호송했던 양공이 공로를 인정받아 제후로 승격하면서 진나라도 주의 제후국으로 건국되었다. 진나라는 감숙성 하동 지구의 섬서 일대에 근거를 두고 있었다.

　이후 주나라의 천자인 난왕이 진나라에 항복함에 따라 《자치통감》에서 사용하던 연대의 기준인 주 왕조도 사라지게 되었다. 진나라가 나머지 제후국들을 멸망시키고 중원을 통일한 때부터 2세 황제 때 진승의 반란으로 진나라가 멸망할 때까지를 진(秦)시대로 분류하여 역사를 기록하고 있다.

006

나라를 망하게 한
연나라 태자의 복수심

진시대 1 (기원전 255년~기원전 228년)

진나라가 전국을 통일하기 10여 년 전, 연나라 태자 단은 진나라 정왕에 대한 복수심에 사로잡혀 있었다. 정왕은 후에 중국을 통일하고 시황제에 오른 인물이다.

예전에 단은 이웃에 있는 조나라에 인질로 갔다가 같은 처지의 이인을 만나 서로를 위로하며 잘 지냈으며, 이인의 어린 아들인 정과도 가까이 지냈다. 시간이 흐른 뒤 이인은 진나라로 돌아가 장양왕이 되었다.

장양왕의 뒤를 이어 정이 진왕이 되었을 때 단은 다시 진나라에 인질로 가게 되었다. 단은 조나라에서의 인질 생활을 추억하며 장양왕의 아들 정왕이 자신에게 잘 대해줄 것이라 생각했다.

하지만 정왕이 자신을 인질로만 대하자 화가 난 단은 진나라에서 도망쳐 연나라로 돌아온 뒤 복수에 몰두했다. 스승 국무는 단에게 강대한 진나라를 상대할 실력을 갖춘 후 복수를 생각하라고 충고했지만, 단은 나라의 힘을 키우는 것은 시간이 너무 오래 걸리므로 기다릴 수 없다고 고집을 부렸다.

마침 진나라의 번어기 장군이 죄를 짓고 연나라로 도망쳐 오자 단은 그에게 집을 주고, 후하게 대우하면서 연나라에 머물게 했다. 국무가 번어기를 연나라에 두면 진나라의 화를 불러올 것이므로, 그를 흉노로 보내라고 충고했지만 단은 어려운 처지가 되어 자신에게 의탁해 온 친구를 버리지 않을 것이라 다짐했다. 자못 의리를 주장한 것이다.

한편 단은 위나라 형가가 똑똑하다는 말을 듣고 그를 초청한 후 극진히 대접하며 정왕의 암살 계획을 맡겼다.

그동안 정세가 바뀌어 진나라 정왕은 조나라를 멸망시켰다. 마음이 다급해진 단은 형가에게 진나라로 들어가 일을 처리하라고 요구했다.

형가는 번어기를 만나 정왕 암살 계획을 설명했다.

"진나라에서 장군의 가족에게 몹쓸 짓을 했으니 우리가 힘을 합해 복수합시다. 그러기 위해서는 장군의 희생이 필요하오. 장군이 머리를 내어주면 나는 그것을 가지고 진나라로 가서 장군의 원수도 갚고 연나라의 수치도 씻겠소."

번어기가 스스로 목숨을 끊자 형가는 그의 머리를 잘라 함에 넣고, 천하의 제일 좋은 비수를 구해 스치기만 해도 목숨을 앗아가는 강력한 독을 발랐다. 그리고 진나라에 바칠 연나라 지도도 챙겼다. 형가가 진나라를 방문하는 대외적인 명분은 연나라가 진나라에 복종하며 땅을 바치겠다는 것이었기 때문이다.

형가가 진나라에 도착하자 정왕은 기뻐하며 맞았다. 형가가 연나라의 지도를 받들고 정왕 앞으로 나아가는데, 소매 속에 감추어 둔 비수의 끝이 드러나는 바람에 암살 계획은 들통나고 말았다.

결국 형가는 처참한 죽임을 당했고, 형가를 보낸 사람이 연나라 태자 단이라는 사실이 밝혀졌다. 분노한 정왕은 장수 왕전을 파견하여 연나라를 치게 했다.

그로부터 5년 뒤인 기원전 222년, 6~700년의 역사를 이어온 연나라는 진나라 정왕에게 멸망했다. 다음 해에 진나라 정왕은 천하를 통일하고, 스스로 '역사상 첫 번째 황제'라는 의미로 시황제(始皇帝)가 된다.

007
망국으로 이끈 진나라의 강력한 법

진시대 2 (기원전 227년~기원전 209년)

진나라 시황제가 천하를 통일한 지 11년째 되는 기원전 210년, 시황제는 수도 함양에서 작은 아들 호해를 데리고 천하를 돌아보러 다니던 도중에 병이 났다.

시황제는 평소에 죽는다는 말을 극도로 싫어했기 때문에 신하들은 감히 시황제가 죽고 나서 해야 할 일들을 미리 물어봐 대비해 두지 못했다. 병이 위중해지자 시황제는 환관 조고에게 명령하여 큰 아들 부소에게 '빨리 와서 상례에 참여하고 함양에 모여 장사지내라.'는 편지를 보내게 했다. 부소를 후계자로 삼은 것이다.

그런데 조고가 부소에게 편지를 보내기도 전에 시황제는 죽었다. 승상 이사는 황제가 객사한 사실을 비밀로 하고 국상을 발표하지 않았다. 여러 공자들이 변란을 일으킬까 두려워한 것이다.

시황제의 관은 문을 여닫아 온도를 조절할 수 있는 온량차에 실려 함양으로 향했다. 수레에는 시황제가 총애하던 환관이 함께 타서 마치 시황제가 살아있는 것처럼 수발을 들었다. 시황제의 죽음을 아는 사람은 호해와 조고, 그리고 총애를 받았던 환관 몇 명뿐이었다.

조고는 호해를 설득하여 시황제의 편지를 '부소를 주살하고 호해를 태자로 삼으라.'는 내용으로 변조했다. 또한 승상인 이사를 설득하여 '장자인 부소가 황제로 등극하면 몽염이 승상이 될 것이므로 그대는 승상 자리를 잃게 될 것이다.'고 회유했다. 변조된 편지를 받은 부소는 아버지의 명을 받들겠다며 스스로 목숨을 끊었다.

호해는 진나라 2세 황제가 되고, 조고는 시황제가 총애하던 몽씨 집안과 승상 이사를 축출한 후 권력을 차지했다. 그러나 사구에서 시황제의 편지를 바꾼 것 때문에 여러 신하들이 자신의 말을 듣지 않을 것이 걱정되어 그들을 시험해 보기로 했다. 조고는 사슴 한 마리를 2세 황제에게 헌납하며 말했다.

"이것은 말입니다."

"승상은 어찌 사슴을 말이라 하시오?"

2세 황제가 웃으며 주위 사람들을 돌아보자 반응이 제각각이었다. 어떤 이는 침묵하고, 어떤 이는 말이라고 했으며, 또 다른 사람들은 사슴이라 했다. 조고가 사슴이라고 말한 사람들을 법망으로 옭아매자 그 후로 조고의 허물을 말하는 사람은 없었다.

조고는 2세 황제에게 강력한 법가 정책을 건의했다. 2세 황제가 조고의 말을 따르니, 열두 명의 공자와 두 명의 공주가 몽둥이찜질로 죽고, 이에 연루되어 죽은 사람이 헤아릴 수가 없었다.

조고는 법이라는 이름으로 모든 사람이 함부로 숨도 쉬지 못할 상황을 만든 뒤 아방궁을 다시 짓고 무사 5만 명을 징집하여 함양에 주둔시켰다. 또한 개와 말, 금수를 길렀는데, 이들에게 먹일 것을 군현에서 조달케 했다. 군현에서 콩과 조, 잡곡을 함양으로 운반하는 사람은 스스로 양식을 준비해야 했으므로 함양 근처 300리 안에서는 곡식을 얻어먹을 수 없게 되었다.

법으로 세상을 다스리는 것이 일사불란하다고 믿은 조고는 모든 것을 법으로 처리했다. 이에 반대하는 사람은 법이라는 이름으로 모두 잡아 죽였으므로 사람들은 법 때문에 살 수 없을 정도가 되었다. 강력한 법이 모반을 꾀할 여유조차 없게 만든 것이다.

이렇게 철저한 법가 정치를 실현했음에도 불구하고 조고와 2세 황제는 2년을 버티지 못하고 죽었다. 호해는 조고의 압박을 받아 자살했고, 조고는 부소의 아들인 자영에게 죽었다. 이렇게 해서 중국을 통일한 위대한 업적을 이룬 첫 번째 왕조인 진나라가 멸망했다.

서로 다른 사람들, 유방과 항우

진나라가 혼란에 빠지자 사방에서 반란이 일어났다. 진섭이 제일 먼저 반란을 일으켰으며, 유방과 항우의 대결도 시작되었다. 귀족 항우와 평민 수준에서 출발한 유방의 대결은 나중에 치열한 초한전으로 이어지게 되는데, 그들의 이야기를 시작해보자.

유방은 나중에 한 왕조를 세운 사람인데, 《자치통감》에는 그의 자를 써서 유계라고 기록되어 있다. 유방은 코가 크고 용의 얼굴을 가졌으며, 왼쪽 팔뚝에 72개의 점이 있었다. 관상 보기를 좋아했던 여공은 유방의 모습을 보고 기이하게 여겨 자신의 딸을 주어 처로 삼게 했다.

유방은 노역을 떠나는 죄수들을 여산으로 호송하던 중 죄수들이 도망치자 으슥한 밤에 남은 죄수들을 모두 풀어주었다. 어차피 목적지에 도착할 때쯤이면 모두 도망가 버리고 남는 자가 없을 것 같았기 때문이다. 풀어준 죄수들 가운데 10여 명은 유방을 따랐다.

유방이 술을 마시고 소택지를 건너가는데, 길가에 큰 뱀이 있었다. 유방이 칼을 뽑아 뱀을 죽이자 어떤 할멈이 통곡하며 말했다.

"내 아들은 백제(白帝)의 아들로 뱀이 되어 길에 있었는데 적제(赤帝)의 아들이 죽였구나."

할멈은 이 말을 남기고 홀연히 사라져 버렸다.

죄수들을 풀어준 유방은 망산과 탕산 사이의 소택지로 도망쳐 숨었는데, 패 지역의 젊은이들이 이 소식을 듣고 그를 따르려고 했다. 이때 진섭이 군사를 일으키자 패 현령이 그들과 호응하려 하니 연리와 소하, 조참 등이 말했다.

"진나라의 관리인 그대가 나라를 배신하고 패의 젊은이를 인솔하려 하는데, 그들이 말을 듣지 않을까 걱정입니다. 그대가 밖에 있는 도망자 수백 명을 불러 겁을 줄 수만 있다면 그들은 감히 명령을 듣지 않을 수 없을 것입니다."

패 현령이 번쾌로 하여금 유방을 불러 오게 했는데, 유방의 무리는 이미 수백 명이었으므로 그들이 변란을 일으킬 것을 두려워했다. 현령이 성문을 걸어 잠그고 유방을 불러오라고 했던 소하와 조참을 죽이려 하자 그들은 성벽을 넘어 유방에게로 갔다.

유방은 비단에 쓴 편지를 화살에 매달아 성 안으로 쏘았다. 패현에 사는 어른들에게 어떻게 무엇이 이롭고 무엇이 해로운지 설명한 것이다. 마침내 그들이 젊은이를 인솔하여 패 현령을 죽이고 성문을 열어 유방을 영접하고 그를 추천하여 패공이 되게 했다. 소하와 조참이 패 지역에 사는 젊은이 3천 명을 모아 제후들에게 호응했다.

한편 전국시대 초나라 장수 항연의 아들 항량은 일찍이 사람을 죽이고 조카인 항적과 더불어 오의 회계에 피신해 있었는데, 여기서 나오는 항적이 바로 항우다.

항우는 키가 8척이 넘고, 스스로 산을 뽑아버릴 만큼 힘이 세고 온 땅을 다 덮을 만한 기개가 있다고 할 정도로 자신만만했다. 이처럼 재주와 그릇은 보통 사람을 뛰어넘었지만, 젊어서 책을 공부했으나 성취하지 못하자 그만두었고, 칼 쓰는 법을 배웠으나 역시 성취하지 못했다. 항량이 화를 내니 항우가 말했다.

"책을 공부하여 자기 이름이나 쓸 수 있으면 충분하고, 칼을 쓰는 것은 한 사람을 대적하는 일이므로 배울 만하지 못합니다. 저는 만인을 대적하는 공부를 하겠습니다."

이에 항량이 병법을 배우게 하니, 항우가 크게 기뻐했다. 하지만 병법 역시 대강 알게 되자 항우는 또 끝까지 배우려 하지 않았다.

회계태수 은통은 진섭에게 호응하고자 항량과 환초로 하여금 군사를 거느리게 했는데, 환초는 소택지로 도망가 있는 상태였다. 항량은 항우에게 칼을 들고 밖에서 대기하라 이른 뒤 은통과 더불어 앉아 말했다.

"환초가 있는 곳은 오직 항우만 압니다. 청컨대 항우를 불러 환초를 데려 오라 하십시오."

은통이 허락하자 항량은 항우을 불러들였다. 항량의 신호를 받은 항우는 칼을 빼어 은통의 목을 베었다. 항량은 회계태수의 인수를 차지하여 회계태수가 되었고 오 지역의 군사를 일으켜 정예병사 8천 명을 얻었다. 항우는 항량의 비장이 되었는데, 이 때 항우의 나이는 24세였다.

한시대

자치통감 권009~자치통감 권068
기원전 206년~서기 219년(425년간)

漢時代

漢時代

한시대

중국 역사에서 한(漢)나라는 왕망의 신나라를 사이에 두고 전한과 후한으로 구분되어 있다. 하지만 《자치통감》에서는 이를 통틀어 한나라 시대로 서술하고 있다. 《자치통감》의 〈한기(漢紀)〉에는 기원전 206년에서 219년까지 무려 425년간의 역사가 권9부터 권68까지 총 예순 권에 기록되어 있는데, 전한과 후한이 각각 서른 권씩 실려 있다.

본 책에서는 독자의 이해를 돕기 위하여 전한을 고제·여후 시대, 문제·경제 시기, 무제 시기, 소제·선제 시기, 원제·성제 시기, 애제·평제·왕망 시기 등의 6시기로 나누고, 후한을 회양왕·광무제 시기, 명제·장제·상제 시기, 안제·순제·질제·환제 시기, 영제·헌제 시기 등의 4시기로 나누었다.

전한 시기는 진(秦)나라 말기에 진승과 오광이 기병한 데서부터 시작하여 유방과 항우의 쟁패를 거친 후 한의 유방이 승리하면서 본격적으로 개막한다. 한나라는 주나라의 봉건제와 진나라의 군현제를 혼합한 군국제로 통치 체제를 갖추면서 황제라는 절대권력 제도도 확립한다. 황제의 절대권은 무제 때 절정에 다다랐지만, 지나친 황제의 절대적 지위 때문에 오히려 외척과 왕망의 등장을 불러옴으로써 왕조를 마감하는 결과로 이어졌다.

후한은 신나라를 건국한 왕망 말년에 폭정을 참을 수 없었던 백성들의 군웅 봉기를 통하여 한의 부흥을 갈망하자, 유수가 군웅을 정리하며 왕조를 확립함으로써 시작되었다. 전한이 황제의 절대권 때문에 무너진 것을 되새겨 후한은 호족 연합체의 성격으로 출발하였지만 이것이 황태후의 섭정과 외척 세력의 발호를 불러일으키는 요인이 되었고, 그 소용돌이 속에서 환관들이 정치에 참여함으로써 극심한 혼란으로 치닫게 된다.

전한시대

자치통감 권009~자치통감 권038
기원전 206년~서기 22년(228년간)

前漢時代

前漢時代

전한 고제·여후 시기

고제 유방은 한나라를 건국한 사람이고, 여후는 그의 부인을 말한다. 유방이 죽은 후 그의 아들 혜제가 등극하였으나 실제 정치는 유방의 부인이자 혜제의 모후인 여 태후가 주관했다. 혜제가 죽은 다음에도 여 태후는 나이 어린 소제를 내세웠다가 죽이는 등 황제의 권한을 행사했다. 그리하여 《자치통감》에서는 한나라의 기원을 고후(高后)라고 쓰고 있다.

이 시기는 기원전 206년에서 기원전 178년에 이르는 29년간의 역사로 《자치통감》 권9부터 권13까지의 다섯 권에 실려 있다. 여기에는 유방과 항우의 한·초전, 여 태후가 권력을 장악하면서 여씨와 유씨 사이에 벌어지는 정치적 대결이 등장한다.

부잣집 영감을 포기하고
천하의 주인을 선택한 유방

패공 유방이 서쪽으로 진격하여 진나라 도읍 함양으로 들어 갔을 때의 이야기다. 모든 장수들이 재물이 있는 관부의 창고로 달려가 금과 비단 등의 재물을 나눠가졌지만, 소하만은 진나라 승상부에 있는 지도와 전적을 가져다 보관했다. 덕분에 유방은 천하의 요새 지역과 지역별 호구, 강한 곳과 약한 곳을 알게 되었다.

그런데 유방은 함양에 그냥 머물러 살고 싶어 했다. 진나라의 화려한 궁실과 휘장, 수많은 가축과 귀중한 보배, 수천 명의 아름다운 여인이 있는 곳에서 떠나고 싶지 않았던 것이다.

번쾌가 충언했다.

"패공께서는 천하를 갖고 싶으십니까? 아니면 그냥 부잣집 영 감이 되고 싶으십니까? 여기 있는 사치스러운 물건은 진나라를 망하게 한 것들인데, 패공께서는 이것을 취하여 무엇에 쓰시렵 니까?

원컨대 패공께서는 이곳 궁중에 머물지 마시고 패상으로 돌아가십시오."

패공이 번쾌의 말을 듣지 않자, 장량이 말했다.

"패공께서 지금의 위치에 이를 수 있었던 것은 진나라가 무도했기 때문입니다. 무릇 천하 사람들을 위해 남은 도적을 제거하시려면 마땅히 상복 입은 사람의 자세를 취하십시오. 진나라에 들어와 처음 만난 즐거움에 편히 있고자 하신다면 이는 하나라를 망친 걸 왕을 도와 포학한 짓을 하는 것과 같습니다.

충성스러운 말은 귀에 거슬리지만 실천하면 이롭고, 독한 약은 입에 쓰지만 병을 고치는 데에는 이로운 법입니다. 원컨대 패공께서는 함양을 떠나 패상으로 돌아가 주둔하십시오."

결국 유방은 패상으로 돌아가 주둔했다.

11월이 되자 유방은 여러 현의 호걸과 나이 많은 남자들을 불러모아 말했다.

"진나라의 가혹한 법 때문에 오래 고생하셨소. 내가 여러분에게 약속하건데 법은 세 조항뿐이오. 사람을 죽인 자는 사형에 처하고, 다른 사람을 상하게 한 자와 도적질한 자는 죄를 받는다는 것이오. 그 외의 진나라 법은 모두 없애 버릴 것이니 여러 관리와 백성들은 안심하시오.

내가 여기에 온 이유는 여러분에게 해로운 것을 없애려는 것일 뿐, 약탈이나 포학한 짓을 저지르기 위함이 아니오. 그러니 두려워하지 마시오."

유방은 사람을 시켜 진나라 관리들과 함께 다니며 이 말을 여러 현과 향, 그리고 읍에 알리게 했다. 진나라 사람들이 크게 기뻐하며 패공의 군사들에게 소와 양, 술과 밥을 바치자 유방은 이를 받지 않고 사양하며 말했다.

　"창고에 곡식이 많아 부족함이 없으니 백성들의 것을 쓰고 싶지 않소."

　그러자 백성들은 더욱 기뻐하며 이제는 다만 패공 유방이 진나라의 왕이 되지 않을 일에 대해서만 걱정했다.

010
과거에 멈춘 역이기와
현실을 달리는 장량

진나라가 망하자 한나라의 유방과 초나라의 항우가 천하를 두고 다투었다. 강한 군사력을 갖춘 초나라가 한나라의 보급로를 자주 침략했기 때문에 한나라는 군사들의 식량이 모자랐다. 유방은 역이기와 함께 초나라의 힘을 약화시킬 방법에 대해 논의했다.

"옛날에 탕 임금이 걸을 친 후 그 후손을 기에 봉했고, 무왕은 주를 친 후 그 후손을 송에 봉했습니다. 진나라가 덕을 잃고 의를 버린 채 제후들을 침략하고 빼앗아 그들의 사직을 훼멸하고 송곳 하나 꽂을 땅도 없게 했으니 폐하께서 6국의 후예를 회복시켜 주신다면 모든 군신과 백성이 폐하의 덕을 기억하고 의를 사모하여 신하가 되기를 마다하지 않을 것입니다.

이처럼 덕과 의가 시행된다면 폐하께서는 천자의 자리에 앉아 패권을 천명하게 될 것이고, 초나라는 옷깃을 여미고 한나라의 조회에 나올 것입니다."

역이기가 말하자 유방이 대답했다.

"훌륭한 말씀이오. 선생은 빨리 인새를 새겨 그들에게 가지고 가서 차고 다니게 하시오."

하지만 장량은 역이기의 말이 허무맹랑하다며 강력하게 반대했다.

"탕왕이나 무왕은 걸이나 주의 후예를 책봉했지만, 그들을 생사여탈 할 수 있는 힘을 갖고 있었습니다. 무왕은 은나라의 현명한 인재인 상용을 앞으로 내세웠고, 갇혀 있던 기자를 석방했으며, 죽은 비간의 봉분을 만들어 주었습니다.

또한 거교와 녹대에 있는 돈을 풀어서 곤궁한 사람에게 주었고, 전쟁을 마친 후에는 전차를 수레로 고쳤으며, 창과 방패를 쌓아 둠으로써 전쟁을 하지 않겠다는 의지를 표시했습니다. 그뿐만 아니라 화산 남쪽에 전쟁 때 쓰던 말을 풀어 쉬게 했으며, 소는 도림의 그늘에 두어 군량미를 나르는 일이 없을 것임을 보여 주었습니다.

그런데 역이기의 말대로 6국을 독립시킨다면 폐하를 따라다니던 사람들에게 무엇을 나누어 주려고 하십니까? 6국을 세우면 그들은 강한 초나라에 붙어 버릴 것입니다."

장량의 말을 들은 유방은 먹던 밥상을 물리고 씹던 밥을 뱉으며 말했다.

"역이기가 하마터면 나의 일을 망칠 뻔했구나!"

유방은 역이기에게 만들라고 했던 인장을 녹여 없애게 했다.

승리와 실패를 가늠하는 정책은 과거를 그대로 답습하는 것이어서는 안 된다. 시대는 늘 변하고 상황도 다르기 때문이다. 역이기는 단순한 생각으로 무왕이나 탕왕의 예를 들어 유방에게 항우를 이길 방법으로 제시했다. 현재의 상황을 고려하지 않고 도장 몇 개를 새겨 천하를 통일하려는 안일하고 무책임한 정책이었다. 이러한 정책을 고식책이라고 한다. 과거의 역사에서 성공한 사례를 고식적으로 따르자는 것이다.

역이기는 시대 상황이 다른 것을 고려하지 않았다. 그런데 장량은 역이기와 달리 상황을 정확하게 분석했다. 지금 유방으로서는 할 수 없는 일이 너무 많은데 그것을 고려하지 않은 채 과거를 답습하라는 역이기의 정책을 비판한 것이다. 결국 장량의 계책을 따른 유방은 막강한 항우를 사면초가로 몰아놓고 공격하여 천하를 통일할 수 있었다.

한신의 능력과 유방의 능력

한나라 황제 유방이 천하 명장으로 이름난 제왕 한신을 초왕으로 옮겨 임명하자, 어떤 사람이 한신을 모함하는 글을 올렸다. 유방이 여러 장수에게 대책을 묻자 모두들 빨리 군사를 내어 한신을 파묻어 버리라 했다.

하지만 진평은 다르게 말했다. 한신이 거느리는 초나라 군사가 유방의 군사보다 강하며, 유방 밑에 있는 장수 중 한신의 용병술을 당할 자가 없다는 이유에서였다. 유방이 대책을 묻자 진평이 답했다.

"옛날에 천자는 세상을 두루 돌아다니며 제후들을 불러 모았습니다. 그러니 폐하께서도 운몽을 유람하는 척하며 제후들을 진구로 불러 모으십시오. 진구는 초나라의 서쪽 경계 지역에 있으니 한신은 교외로 나와 폐하를 배알할 것입니다. 그때 힘센 역사를 동원하여 그를 잡으십시오."

유방이 제후들에게 진구로 모일 것을 명했다. 한신은 유방을 배반하고 초나라로 도망쳐온 종리매의 목을 베어 황제를 배알

했다. 유방은 복종의 태도를 보인 한신을 다짜고짜 포박케 하더니 수레에 싣으라고 명했다. 그러자 한신이 말했다.

"어떤 사람이 이르기를, 교활한 토끼가 죽으면 잘 달리던 개는 삶아 먹히고, 높이 떠 있는 새가 다 없어지면 훌륭한 활은 감춰지며, 적국이 격파된 후에는 꾀 있는 신하가 다 죽임을 당한다고 했다. 과연 천하가 평정되고 나니 나는 이제 팽당하는구나!"

팽이란 사람을 솥에 넣고 삶아 죽이는 형벌을 말한다. 유방은 돌아오는 길에 낙양에 이르자 한신을 사면하고 회음후로 책봉했다.

한신은 유방이 자신의 능력을 두려워하여 미워함을 알고 번번이 병이 들었다는 핑계를 대며 함께 하지 않았다. 또한 예전에 자기 밑에 있던 사람들과 같은 반열에 놓이게 된 것을 수치스럽게 생각했다.

유방은 예전에 한신과 대화를 나누며 각자 군사를 얼마나 거느릴 수 있는지에 대해 말한 적이 있었다. 그때 한신은 유방에게 이렇게 말했다.

"황제께서는 10만 명을 거느릴 수 있지만, 저는 군사가 많으면 많을수록 더 좋습니다."

이 말을 들었던 유방이 물었다.

"그런데 왜 나에게 붙잡혔소?"

한신이 대답했다.

"폐하께서는 병사보다 장수를 더 잘 거느리십니다. 이것이 제가 폐하께 잡힌 이유입니다. 황제는 하늘이 내려 준 자리이지 인력으로 되는 것이 아닙니다."

전쟁을 훨씬 잘 하는 한신이 유방에게 진 이유는 유방이 한신보다 능력 있는 사람을 잘 부리기 때문이라는 대답이었다.

012
명재상이 되는 두 가지 방법

전한시대 4 (기원전 199년~기원전 188년)

소하와 조참은 전한 초기의 유명한 두 재상이다. 소하는 유방이 항우와 혈전을 벌이고 있을 때 관중 지역을 지키며 모든 군수물자를 대고 군사를 공급하며 한나라 건국에 큰 공을 세웠다.

한나라를 세운 고조 유방이 죽고 그의 아들 혜제가 등극한 지 2년 되던 해, 재상 소하가 병이 들자 혜제는 친히 그에게 가서 물었다.

"그대가 100세가 된 후 누가 그대를 대신할 수 있겠소?"

혜제는 '소하가 죽은 후'라는 말을 입에 올리기 싫어 '100세가 된 후'라는 표현을 쓴 것인데, 소하가 답했다.

"신하와 군주가 아는 것은 같을 수가 없습니다."

소하의 대답은 '군신 간에는 시각 차이가 있으니 신하가 임금의 사람을 천거할 수 없다.'는 뜻이었다. 혜제가 다시 물었다.

"조참은 어떠하오?"

그러자 소하가 머리를 조아리며 말했다.

"황제께서 그를 찾아내셨으니 신은 당장 죽어도 여한이 없사옵니다."

얼마 후 소하가 죽었다는 소식이 들려오자, 조참은 하인에게 말했다.

"빨리 행장을 준비해라. 내가 곧 재상이 될 것이다."

과연 얼마 되지 않아 황제의 사자가 조참을 부르러 왔다. 혜제가 조참을 상국으로 삼은 것이다.

조참이 미천했을 때 소하와 잘 지냈는데, 소하가 장상이 된 뒤에는 틈이 생겼다. 그럼에도 불구하고 소하가 죽기 직전 재상감으로 인정한 사람은 오직 조참뿐이었다.

그의 바람대로 재상이 된 조참은 소하가 하던 일을 변경 없이 추진하고 소하가 했던 약속을 그대로 준수했다. 관리를 선택할 때 글과 말이 질박하고 어눌할지라도 중후하고 어른다운 사람을 뽑아 승상부의 관속으로도 임명했으며, 화려하게 말을 잘하지만 성정이 각박하며 소문과 명성을 얻기에 힘쓰는 관리는 즉각 쫓아냈다.

조참은 밤낮으로 진한 술을 마셨다. 경과 대부 이하의 관리와 빈객들이 조참을 보러 오면 승상의 일을 미뤄두고 갑자기 독한 술을 마시게 하여 그를 찾아온 사람들은 용건을 말하지도 못한 채 취하여 돌아갔다. 아무도 청탁의 말을 하지 못한 것이다. 반면 작은 허물은 덮어 두니 승상부가 무사했다.

답답해진 혜제가 그렇게 한 이유를 묻자 오히려 조참이 되물었다.

"폐하께서 스스로 살피시건대 한나라를 세운 고조 황제와 비교하시면 어떠하십니까? 그리고 폐하께서 신의 능력을 보시건대 소하와 비교하면 누가 더 똑똑합니까?"

"나는 내 아버지 고제만 못하고, 그대는 죽은 소하만 못하오."

혜제의 대답을 들은 조참이 말했다.

"폐하의 말씀이 옳습니다. 고제와 소하는 천하를 평정하고 법령을 분명히 했습니다. 이제 폐하와 저는 직분을 지키며 그것을 잃지 않으면 될 것입니다."

조참은 소하가 자신보다 훌륭하므로, 앞 사람이 한 일을 그대로 지켜나가는 것이 옳다고 본 것이다. 이처럼 앞 사람의 치적을 지키는 정치가 3년 동안 지속되자 백성들은 소하와 조참을 동시에 칭찬하는 노래를 불렀다.

013

황제의 삶을 포기하게 만든
어머니 여 태후

전한시대 5 (기원전 187년~기원전 178년)

한 고조 유방이 죽고 혜제가 등극하자 유방의 부인인 여 황후는 태후가 되었다. 여 태후는 어린 아들 혜제를 대신하여 모든 권력을 행사했는데, 가장 먼저 그녀가 한 일은 유방이 아끼던 척 부인과 그녀의 아들을 처치하는 일이었다.

여 태후는 척 부인의 머리를 깎아버리고 구금한 뒤 붉은 죄수옷을 입혀 방아를 찧게 하고, 그녀의 아들인 조왕을 불러들였다. 어머니 여 태후의 속마음을 알게 된 혜제는 멀리까지 직접 나가 어린 이복동생인 조왕을 영접하여 데리고 들어왔다. 혜제가 그와 함께 기거하며 함께 음식을 먹으니 여 태후가 조왕을 죽이려 했지만 틈을 얻을 수 없었다.

어느 날 혜제가 아침 일찍 사냥을 나가는데, 나이 어린 조왕이 일어나지 못하여 데리고 가지 못했다. 이 기회를 이용하여 여 태후는 조왕에게 독약을 먹여 죽였다. 또한 척 부인의 손과 발을 자르고 눈알을 뺐으며, 약을 먹여 귀머거리와 벙어리로 만든 후 변소에 놓아두고 '사람돼지'라 부르게 했다.

며칠 뒤 여 태후는 혜제를 불러 '사람돼지'를 보게 했는데, 그 것이 척 부인인 것을 알게 된 황제는 크게 통곡한 후 병이 들어 1년 이상 일어나지 못했다. 황제가 태후에게 말했다.

"이것은 사람이 할 바가 아닙니다. 신이 태후의 아들이 되었으 니 천하를 다스릴 수가 없습니다."

그 후 황제는 매일 술을 마시고 음란한 짓을 하면서 정치를 관 장하지 않았다.

다음해 유방의 서자인 제나라 도혜왕이 경사에 와서 조현하 고 태후 앞에서 술을 마시는데, 혜제는 도혜왕이 형이므로 상좌 에 앉게 하였다. 이를 본 여 태후는 화가 나서 도혜왕 앞에 독이 든 술을 따라 놓고 축수하며 마시라고 했다.

이를 알아차린 혜제가 도혜왕의 술잔을 빼앗자, 여 태후는 혜 제가 독주를 마실까 봐 그 술잔을 엎어 버렸다. 이상하게 생각 한 도혜왕은 술에 취한 척하면서 그 자리를 피했다. 나중에 도 혜왕은 술잔에 독이 들었던 것을 알고 크게 두려워했다.

10년이 지나 혜제가 죽자 여 태후는 직접 나라를 다스렸다. 그 러나 나라에 불안한 일들이 자꾸 생기자 여 태후는 재앙을 없애 고 복을 비는 기도제사를 지내기 위해 궁을 떠났다.

태후가 제사를 지내고 궁으로 돌아오는 길에 이상한 것이 나 타났다. 푸른 개와 같은 것이 나타나서 태후의 겨드랑이를 무는 듯하더니 홀연히 사라진 것이다. 여 태후가 이에 대해 점을 치게 하니, 점쟁이가 말했다.

"죽은 조왕 유여의가 빌미가 되었습니다."

사후의 일이 두려워진 여 태후는 친정 식구들로 하여금 군사권을 장악하게 만들었다. 그로부터 얼마 되지 않아 여 태후가 죽자 태위 주발이 북군으로 들어가 군사를 모아 놓고 말했다.

"여씨를 위하는 사람은 오른쪽 어깨를 드러내고, 유씨를 위하는 사람은 왼쪽 어깨를 드러내라!"

여씨는 여 태후와 그 일가를 말하는 것이고 유씨는 유방이 세운 한나라 황실을 말하는 것이다. 군사들은 모두 왼쪽 어깨를 드러내어 한나라 황실을 따르겠다 맹세했고, 여씨들은 다 잡혀 죽었다.

前漢時代

전한 문제·경제 시기

기원전 177년에서 기원전 141년에 해당하는 《자치통감》 권14에서 권16까지의 세 권에는 문제와 경제에 이르는 37년간의 한나라 역사가 기록되어 있다. 중국 역사 가운데 가장 잘 다스려진 시대를 꼽으라면 한나라 문경 시대를 거론하는 경우가 대부분일 정도로 황제의 권력이 강화되며 정치가 안정되었던 시대였다.

여 태후가 죽은 후 권력을 남용하던 외척 여씨 세력을 몰아낸 조정의 중신들은 여러 제후왕 중에서 독자적인 힘을 갖추지 못한 유항을 황제로 추대했다. 힘없는 황제를 뽑아 자신들이 권력을 누리고자 한 것이다.

시작은 비록 미약했지만, 황제가 된 문제 유항은 서서히 조정의 권력을 장악하면서 지방의 제후왕들의 힘을 줄이는 정책을 펼침으로써 황제권을 안정시켰다. 그의 아들 경제 시기에 이르러 황제권이 더욱 강화되자 이에 반발한 오·초와 산동 지역의 다섯 제후국들이 연합하여 한나라에 반기를 드는 오·초 칠국의 난이 야기되었다. 한나라는 간신히 이 난을 평정했지만, 황제국과 제후국 간의 이해 상충이 겉으로 드러나기 시작했다.

014
옳은 말을 하는 장석지,
그 말을 들을 줄 아는 문제

한나라 5대 황제인 문제는 훌륭한 군주로 손꼽히는 사람이다. 한번은 문제가 황실에 소속된 동산에 행차했는데, 이 동산의 책임자인 상림위가 문제를 맞이했다. 문제는 상림위에게 그 동산에 있는 동물들에 관해 기록한 금수부에 대해 여러 가지를 물어보았다.

금수부에 대해 자세히 알지 못했던 상림위는 주위 사람들만 둘러볼 뿐 하나도 대답하지 못했다. 대신 옆에 서 있던 동산의 관리인 색부가 막힘없이 대답하자 문제는 감탄하여 말했다.

"관리란 마땅히 이와 같아야 하지 않겠는가? 상림위를 믿을 수가 없구나!"

문제는 알자복야 장석지에게 조서를 내려 색부를 상림령으로 삼으라고 했다. 장석지가 황제에게 물었다.

"폐하께서는 강후인 주발을 어떤 사람으로 보십니까?"

"어른다운 사람이지."

문제의 답을 들은 장석지가 다시 물었다.

"동양후인 장상여는 어떤 사람입니까?"

"어른다운 사람이지."

황제가 똑같은 대답을 하자, 장석지가 말했다.

"무릇 강후와 동양후는 어른다운 사람이라 불리지만 이들은 일찍이 사무에 대하여 제대로 말하지 못했습니다. 그런데 어찌 입에 발린 말을 재빨리 하는 색부를 본받게 하십니까?

진나라 때는 붓을 잡은 관리에게 일을 맡겨 재빠르고 가혹하게 살피는 것을 다투어 경쟁하게 했는데, 그 폐단으로 글재주만 갖추었을 뿐 알맹이는 없었습니다.

이제 폐하께서는 색부의 말재주만 보시고 그를 몇 단계 위로 승급시키시니, 신은 천하의 사람들이 풍문을 좇아 앞다투어 말재주만 피우며 알맹이는 없게 될까 걱정입니다.

무릇 아랫사람이 윗사람을 본받는 것은 그림자가 비추어지는 것처럼 빠르니 천거하는 조치에 신중을 기하지 않으면 안 됩니다. 하오니 재고하여 주시옵소서."

문제는 이 말에 공감하며 색부를 상림령에 제수하지 않았다.

그 후 장석지는 중대부에 임명되었다. 한번은 장석지가 황제를 수행하여 나중에 문제가 묻히게 될 능침인 패릉에 갔는데, 황제가 말했다.

"북방 산의 돌을 가져다가 곽을 만들고 모시와 솜 조각으로 그 사이를 칠하여 붙인다면 어찌 움직일 수 있겠는가?"

문제는 능침의 도굴을 막기 위한 방안을 말하고 있었다. 모든 사람이 황제의 말을 훌륭하다 칭송했지만 장석지는 경계하여 말했다.

"무덤 속에 사람들이 갖고 싶어 하는 보물이 들어 있다면 남산을 구리로 싸서 견고하게 만들지라도 틈새는 있을 것이오, 무덤 안에 사람들이 욕심 부릴 것이 없다면 돌로 된 곽을 없앤다 한들 어찌 근심할 일이 있겠습니까?"

능침의 도굴을 염려한다면 무덤 안에 보물을 넣어 두지 말라는 뜻이었다. 황제가 장석지의 말을 칭찬했다.

후에 장석지는 법을 다루는 정위가 되었는데, 어떤 사람이 유방의 능묘에서 옥으로 된 반지를 훔쳤다가 붙잡혔다. 문제는 화가 나서 장석지에게 그의 집안을 멸족시키라 명했지만 장석지는 규정에 따라 그 사람만 처벌했다. 형벌이 약하다고 생각한 문제가 화를 내자 장석지가 말했다.

"법대로 판결한 것입니다. 감정대로 판결하다 보면 같은 죄를 지은 사람이라도 어떤 때는 역적이 되고 어떤 때는 순종하는 사람으로 만들게 됩니다."

황제가 이에 승복했다. 문제가 훌륭한 군주였던 것은 이처럼 옆에서 옳은 말을 할 때 이를 받아들였던 태도 때문이다.

015
천하의 미덕으로 남은 문제의 질박함

문제는 기원전 157년 6월 초하루에 미앙궁에서 죽었는데, 죽기 전 유언이 담긴 조서인 '단상론(短喪論)'을 남겼다. 자기가 죽은 후 상례 절차를 대폭 간소화 하라는 지침을 밝힌 단상론의 앞부분은 이렇게 시작된다.

"천하 만물에 싹이 터서 자라면 죽지 않는 것이 없다. 죽는다는 것은 천지의 이치이며 만물의 자연스러움이니 어찌 슬퍼할 만한 것인가?

지금 시대에는 모두가 사는 것만 좋아하고 죽기를 싫어하면서 장례를 후하게 치르느라 생업까지 중단하며 복상을 무겁게 하여 사람을 다치게 하지만 나는 그렇게 하지 않겠노라."

문제가 내린 단상 지침에는 하관 후 대공은 15일, 소공은 14일만 상복을 입고, 시마는 7일 뒤에 상복을 벗으라는 내용이 있다. 이것은 후대의 유가들에게 많은 토론거리가 되었다. 스스로 죽음을 담담하게 받아들인 문제는 죽은 다음에 받는 대접을 대폭 줄일 것을 유언한 것이다.

이러한 문제에 대하여 역사가는 어떻게 평가했을까?

"문제는 즉위한 뒤 23년 동안 궁실(宮室), 원유(苑囿), 거기(車騎), 복어(服御)를 조금도 늘리지 않았다. 불편을 줄 만한 것이 있으면 바로 풀어 백성들을 이롭게 했다.

일찍이 황실에서 노대라는 놀이터를 하나 만들고자 장인을 불러 견적을 내게 했는데, 장인이 100금이 든다고 하자 문제가 말했다.

'100금이라면 보통 수준의 열 집이 가지고 있는 재산에 해당한다. 내가 먼저 돌아가신 황제의 궁실을 받들어 살면서도 늘 이를 황송하고 부끄러워하였는데, 어찌 노대를 만들겠는가.'"

문제에 대한 역사가들의 또 다른 평가도 들어보자.

"문제는 항상 검은 색의 거친 옷감으로 만든 옷을 입었고, 그가 마음으로 아끼던 신 부인의 옷도 땅에 끌리지 않게 하였다. 또한 휘장에 수를 놓는 일이 없어 항상 천하 사람들에게 질박한 모습을 먼저 보여주었다. 능침인 패릉을 만들 때도 질그릇 제품을 사용하게 하고, 금·은·동·주석으로 장식하지 못하게 했으며, 능묘는 산이 원래 생긴 모양을 따라 봉분을 더 크게 만들지 않도록 하였다.

생전에 문제는 오왕이 병을 핑계 삼아 조회에 나오지 않자 지팡이를 하사하였다. 또한 여러 신하들 가운데 원앙이 간하는 말은 유독 칼로 자르듯 심했지만 황상은 이를 받아들였다. 장무라는 사람이 금전을 뇌물로 받았다가 발각이 되었을 때는 오히려 상을 내려 그 마음을 부끄럽게 하는 등 오직 덕으로 백성들을 교화하기에 힘썼다.

이리하여 천하가 안녕하였고, 집집이 풍족하고 사람마다 만족하여 후세에 그를 따라잡을 사람이 드물었다."

016

태자를 둘러싼 네 여인의 치맛바람

전한시대 8 (기원전 154년~기원전 141년)

전한시대 황제 가운데 무제 유철은 오늘날까지도 많은 사람들에게 잘 알려져 있다. 유철은 네 여인의 경쟁 속에서 우여곡절 끝에 태자가 된 사람이다.

유철의 아버지는 경제인데, 그가 황제가 되기 전 태자였을 때 태후 박씨는 자기 집안에서 며느리를 얻어 태자비로 삼았다. 경제가 황제로 등극하자 박씨도 황후가 되었지만, 경제는 그녀를 폐위시켰다.

역사는 다른 곳에서 진행되고 있었다. 한나라의 제후인 연나라 왕 장도의 손녀인 장아는 왕중에게 시집가 왕신과 두 딸을 낳았다. 그 후 남편이 죽자 장아는 전씨에게 개가하여 전분과 전승이라는 두 아들을 낳았다.

세월이 지나 장아와 왕중 사이에서 난 큰딸은 금왕손에게 시집가 금속을 낳았다. 장아가 점을 쳐 보니 왕씨와의 사이에서 낳은 두 딸이 모두 귀하게 될 것이라는 점괘가 나왔다.

장아는 시집간 큰 딸을 데려다 경제가 태자로 있을 때 태자궁에 들여보냈다. 이 사람이 나중에 경제와의 사이에서 무제 유철을 낳은 왕 부인이다.

경제가 즉위한 후 장남 유영을 태자로 삼았는데, 유영의 생모는 율희였다. 문제의 딸이자 경제의 누이인 유표는 진오에게 시집을 갔는데, 자기 딸을 태자 유영에게 시집보내고 싶어 했다. 유표가 태자의 생모인 율희에게 이를 청하자, 율희는 화를 내며 거절했다. 유표가 남편 경제에게 미인을 주로 소개하는 사람이었기 때문이다.

이에 유표는 황후 왕 부인에게 딸을 유철에게 시집보내겠다고 말했고, 왕 부인은 이를 환영했다.

그 후 장공주 유표는 동생 경제에게 태자의 어머니인 율희를 참소하라고 모함하는 한편, 왕 부인이 아름답고 그녀의 소생인 유철도 똑똑하다며 칭찬을 아끼지 않았다. 누이의 말에 넘어간 경제는 점차 율희를 싫어하게 되었고, 그녀의 소생인 태자 유영을 폐한 후 왕 부인의 소생인 유철을 태자로 세우고 싶어 했지만 기회를 잡지 못하고 있었다.

왕 부인은 경제의 화를 돋우려고 사람을 시켜 경제가 싫어하는 율희를 황후로 세울 것을 청하게 했다. 왕 부인의 의도대로 경제는 화를 내며 율희를 황후로 세우라는 사람을 죽여 버렸다.

이후 경제는 태자 유영을 폐하여 임강왕으로 삼았다. 태자태부 두영이 힘써 싸웠으나 결과를 되돌리지는 못했다. 두영은 병을 핑계로 벼슬에서 물러났고, 율희는 화병이 나서 죽었다. 다음 해에 왕 부인은 황후에 올랐고 유철은 태자가 되었다.

2년 뒤 태자에서 쫓겨난 임강왕 유영은 자기의 궁궐을 늘리다가 태종의 묘를 침범했다는 죄에 연루되어 조사를 받게 되었다. 유영이 아버지 경제에게 사과하는 편지를 쓰고 자살함으로써 경제 시대에 휘몰아쳤던 태자 교체의 정치적 회오리는 끝이 나게 된다.

전한 무제 시기

　기원전 140년부터 기원전 87년에 해당하는 이 시기의 역사는 《자치통감》 권17에서 권22까지의 여섯 권에 기록되어 있다. 이때는 중국 역사에서 황위를 오래 누리기로 손꼽히는 무제의 재위 기간이다.

　무제 유철은 재위하는 동안 그의 할아버지 문제와 아버지 경제가 추진했던 제후국의 힘을 약화시키는 일을 거의 완성하였다. 이렇게 중앙으로 집중화한 국력을 이용하여 대외적으로 영토 확장 전쟁을 벌였으며, 흉노와 고조선 지역으로 영향력을 넓혀 나갔다.

　하지만 국력을 중앙으로 집중하기 위하여 독재 정치를 시행했으며, 그 도구로 법률을 엄격하게 적용했기 때문에 내부적으로는 오히려 반발이 많았다. 역사가들은 한 무제의 통치는 진 시황제와 다를 바가 없었다고 평가한다.

017
말없이 말하는 만석군

전한시대 9 (기원전 140년~기원전 134년)

한나라 무제는 화려하게 말 잘하는 사람을 좋아했지만, 태황태후인 두 태후는 말만 잘하는 사람을 싫어했다. 말재주가 뛰어난 조관과 왕장이 간사하게 이익이 남는 일에 간여했던 일이 발각되자 두 태후는 무제를 나무라며 만석군을 추천했다.

만석군은 태자의 스승인 태자태부 석분과 그의 네 아들을 이르는 말이다. 석분과 그의 네 아들은 모두 2천 석의 녹질을 받는 지위에 있었으니 그 집안은 도합 1만 석의 녹질을 받았다. 그리하여 사람들은 이 집안을 만석군으로 불렀다.

만석군은 글을 배운 적은 없었지만 공손하고 조심하는 점에서 비교할 사람이 없었다. 그의 자손들은 낮은 직급의 관리였지만 집으로 돌아가 부자간에 만날 때에도 반드시 조정에서 입는 예복을 입었고 서로의 이름을 부르지도 않았다.

만약 자손에게 과실이 있을 때면 나무라는 대신 옆방에 앉아 밥상을 마주한 채 밥을 먹지 않았다. 그런 다음 여러 아들들이 서로의 잘못을 지적하게 하고, 그 가운데 제일 윗사람이 윗옷을 벗고 사죄하여 이를 고치고 나서야 밥을 먹었다.

그뿐만 아니라 관례를 치른 자손 옆에서는 한가하게 있을 때라 하더라도 반드시 관을 썼다. 관례를 치렀으므로 어른이 된 것이고, 어른이 되었다면 그에 걸맞은 대우를 해야 한다는 뜻이었다.

또한 상례를 집행할 때는 깊이 슬퍼하며 애도했으니, 자손들은 그의 가르침을 준행하여 군이나 나라에 모두 효자로 소문이 자자했다.

두 태후가 무제에게 말했다.

"지금의 유자는 글재주는 많으나 질박함이 부족합니다. 만석군의 집안에서는 이를 말없이 몸소 실천하고 있으니 모두가 본받을 만합니다."

무제는 어머니의 의견에 순종하는 마음으로 이들을 등용하여 석분의 아들 석건을 낭중령으로 삼고, 석경을 내사로 삼았다.

석건은 황제에게 말씀드릴 것이 있으면 사람들이 곁에 없을 때를 골라 간절하고 절실하게 말했다. 그러나 조정에 나가서는 마치 말을 할 수 없는 것처럼 굴었으므로 무제는 항상 그를 가까이 두었다.

석경은 궁궐의 수레나 말을 관리하는 태복이 되었다. 석경이 황제를 모시고 궁궐을 나가는데 무제가 수레를 끄는 말이 몇 마리냐고 묻자, 석경은 채찍을 들어 말의 숫자를 일일이 다 세고 나서 손을 들어 말했다.

"여섯 마리이옵니다."

석경은 만석군의 여러 아들 가운데서도 가장 간단히 말하는 사람이었다.

어느 시대에도 이런 사람은 있게 마련이지만 쓰는 사람의 안목에 따라서 그 가치와 효용이 달라지는 것은 예나 지금이나 마찬가지일 터이다.

018
황제의 잘못을 꾸짖은 동방삭

전한시대 10 (기원전 133년~기원전 125년)

무제가 공주인 두태주의 집에 술을 마련해 두고 연회를 즐기자 두태주는 이 기회를 이용하여 황제에게 동언을 소개했다. 무제는 동언에게 의관을 내리고, '주인 영감'이라 부르는 등 총애를 아끼지 않았다.

어느 날 무제가 두태주를 위해 선실에서 연회를 베풀면서 동언을 안으로 인도해 오게 했다. 그러자 중랑장 동방삭이 말했다.

"동언은 목이 베어져야 할 세 가지 죄를 지었습니다. 그런데 어찌 선실 안으로 들어오게 하십니까?"

황제가 왜 그러느냐고 묻자 동방삭이 답했다.

"동언은 신하로서 사사롭게 공주의 시중을 들었으니 이것이 첫 번째 죄입니다. 또한 남녀 관계를 파괴하고 혼인의 예를 상하게 했으니 이것이 두 번째 죄입니다. 하물며 춘추 젊으신 폐하께 학문을 권고하지 않고 도리어 화려하고 음란한 것을 내세우며 사치에 힘쓰게 하고 개나 말을 가지고 한껏 즐기며 귀와 욕심을 극도로 자극했으니, 이것이 세 번째 죄입니다."

무제는 아무런 대답을 하지 않다가 한참만에야 말했다.

"무엇인지 알았으니 연회를 마친 다음 스스로 고치겠노라."

그러자 동방삭이 다시 말했다.

"무릇 선실은 돌아가신 황제의 정실입니다. 법도에 맞지 않는 정사는 들여올 수 없습니다. 그렇게 되면 점차 음란함에 물들고 그것이 변하면 찬탈이 일어납니다. 이렇게 하다가 수초가 음란해졌고, 역아가 환란을 만들었으며, 경보가 죽어 노나라가 온전해졌습니다."

수초와 역아는 춘추시대 제나라 환공의 신하인데 수초는 환공이 아플 때 자기 아들을 삶아 약으로 준 사람이고, 역아는 환공이 어려서부터 같이 하던 사람이었다. 환공을 돕던 관중이 병들자 환공은 관중에게 다음 재상으로 누구를 쓸 것인지 물었다. 관중은 수초와 역아를 멀리하라고 했다.

"사람은 모두 똑같은데, 자기 아들을 삶아 죽인 사람과 온갖 고난을 참은 사람은 믿을 수가 없습니다."

아무리 임금이라 해도 자기 자식보다 더 가깝지 않고, 자기 자신보다 더 가깝지 않은 법이다. 그런데 이러한 이치에 반하여 행동한 것은 다른 목표를 갖고 있다는 것을 암시한다. 그런 사람에게 임금이란 자신의 목표를 달성하기 위해 밟고 지나갈 징검다리에 지나지 않는 것이다. 관중이 죽은 후 환공은 이 두 사람을 내쫓았다.

또 경보는 환공의 서자이자 장공의 형이었는데, 환공의 처와 사사로이 통정하였고, 장공이 죽자 난을 일으켰다가 실패하여 거로 도망쳤다가 잡혀와 자살한 인물이다.

이 이야기를 들은 무제는 동언을 멀리하게 되었고, 한나라는 다시 기초를 튼튼히 다져나갈 수 있었다. 무제는 동방삭에게 황금 30근을 상으로 주었다.

무제와 급암의 인재론

전한시대 11 (기원전 124년~기원전 119년)

흉노 정벌로 유명한 무제는 인재를 등용하고자 계속해서 사대부를 초빙했지만 늘 부족하다고 생각했다. 그는 성품이 엄격하고 각박하여 평소에 총애하던 신하라 할지라도 법을 어기거나 속이는 일이 있으면 너그럽게 용서하는 법 없이 즉각 그를 죽였다.

이에 급암이 간언했다.

"폐하께서는 인재를 구하는 일에 노고를 아끼지 않으시지만 막상 그들을 다 이용해 보지도 못하십니다. 선비의 숫자는 유한한데 방자하다는 이유로 끊임없이 죽이시면 천하의 인재가 다 소진될까 걱정이옵니다. 그리되면 폐하께서는 누구와 정치를 하시렵니까?"

굳은 얼굴로 말하는 급암에게 무제가 웃는 낯으로 대답했다.

"어느 시대인들 인재가 없겠는가? 다만 그것을 알아보지 못할까 근심할 뿐이로다. 진실로 이를 알 수만 있다면 어찌 사람이 없음을 걱정하겠는가? 무릇 인재라는 것은 쓸모 있는 그릇과 같아서 재주 있는 사람이 그 재주를 다 쓸 수 없다면 이는 재주가 없는 것과 다를 바 없으니 죽이지 않는다 하여 무엇에 쓰겠는가?"

급암은 주저 없이 자신의 의견을 피력했다.

"신은 말로써 폐하를 설복드릴 수는 없사옵니다. 그러나 마음에서는 그러한 것이 잘못이라고 여기옵니다. 원컨대 폐하께서는 지금부터 이를 고치시고, 신이 어리석어 이치를 모른다고 하지 마십시오."

급암은 인재를 등용하는 데 말로 옳고 그름을 따지는 것은 무의미하다고 생각했다. 말로 표현할 수는 없지만 마음속으로 옳고 그르게 생각되는 것이 있기 때문이다. 그러므로 마음속으로 그르다고 여기는 것을 말로써 설득시킬 수 없음을 이야기하고 있는 것이다.

무제는 말을 좋아했다. 한번은 악와수 강가에서 나왔다는 신마가 진상되었다. 신마란 보통으로는 볼 수 없는 말로, 이 말이 나타났다는 것은 국가에 상서로운 일이 일어날 것을 예고하는 것으로 생각한 것이다.

무제는 이를 기념하기 위해 사마상여에게 시를 지으라 하고, 이연년에게는 곡조를 붙이라 했다. 급암이 비판하여 간했다.

"무릇 제왕 된 사람이 음악을 짓는 것은 위로는 임금의 조상을 이어받고 아래로는 백성을 교화하기 위함입니다. 그런데 좋은 말을 얻었다 하여 시를 짓고 곡조를 붙여 종묘에서 연주한다면 먼저 돌아가신 황제나 백성들이 어찌 음악을 알 수 있겠습니까?"

무제는 아무 말도 하지 않았지만 기쁜 기색은 아니었다.

020
입술을 삐죽 내민 '반순복비'의 죄

전한시대 12 (기원전 118년~기원전 110년)

한나라 무제 때 정적을 죽이기 위해 처음 만들어진 '반순복비 (反脣腹誹)의 죄'가 있다. 이는 '입술을 삐쭉 내미는 것은 뱃속으로 비난하는 것이다'라는 뜻으로, 상대방이 마음에 들지 않았을 때 겉으로 말은 하지 않더라도 입술을 삐쭉 내밀어 비난하는 태도를 빌미로 죄를 물어 처벌하는 것을 가리킨다.

무제 때 안이라는 사람이 있었다. 청렴하고 강직한 안이는 벼슬길에 나아가 조금씩 승진하여 대농령까지 올라갔는데, 당시 무제가 백록피라는 돈을 만들어 제후들의 돈을 빼앗으려 하자 이의 부당함을 간했다. 백록피란 네모반듯하게 자른 흰 사슴의 가죽 하나를 40만 전으로 하고, 제후들이 매년 황제에게 바치는 선물 밑에 깔도록 한 것이다.

"오늘날 왕과 제후는 수천 전에 지나지 않는 벽옥을 선물로 바치는데, 그 밑에 깔아야 하는 백록피의 값이 40만 전이나 되니 본말이 맞지 않는 일입니다."

안이의 간언에 무제는 별다른 대꾸는 하지 않았지만 속으로 기뻐하지 않았다.

법을 담당하던 장탕은 안이와 사이가 좋지 않았다. 마침 어떤 사람이 안이를 고발하자, 안이에게 기분이 상한 황제는 장탕에게 이 사건을 보내 처리하게 했다.

장탕은 예전에 안이가 누군가와 이야기를 나누면서 무제의 조령에 못마땅해 하며 입술을 삐쭉 내밀었다는 반순의 상황을 찾아내어 무제에게 상주했다.

"안이가 예전에 9경의 자리에 있으면서 황제의 조령에 불편한 내용이 있다는 것을 입으로 말하지는 않았지만 입술을 삐죽이 내밀어 속으로 황제를 비방했으니 사형에 처해야 합니다."

결국 안이는 반순복비의 죄로 사형을 당했다.

장탕은 하급관리 노알거를 이용하여 자신의 정적인 어사중승인 이문마저도 제거했다.

이렇듯 법을 다루는 사람이 법을 이용하여 정적을 제거해 나가다 보니, 자연스럽게 그에게 원한을 가진 사람들이 생겨났다. 무제의 형인 조왕도 그 중 한 사람이었다.

조왕은 동생 무제에게 편지를 썼다.

"장탕이 하급관리의 발을 주물러 주었다 하니 그가 큰 간신이 아닌지 의심이 갑니다."

조왕은 노알거가 병들었을 때 장탕이 그의 발을 주물러 준 것을 가지고 간신으로 몰아간 것이다.

그 후로도 장탕은 계속 모함을 받았다. 상인인 전신에게 기밀을 누설하여 많은 이익을 남기게 하고, 이익을 나눠가졌다는 고발을 당하자 장탕은 황제에게 억울함을 호소하는 편지를 쓰고 자살로 생을 마감했다. 장탕이 죽은 후 그의 집을 조사해 보니 겨우 500금밖에 없었다. 다른 사람을 옭아매어 죽인 장탕은 그 자신도 모함을 받아 삶을 마감한 것이다.

021

무제가 대완국을
정벌해야 했던 속사정

전한시대 13 (기원전 109년~기원전 99년)

무제는 흉노를 정벌하고 서역으로 많은 사자를 보내는 등 서역 개척에 심혈을 기울였다. 서역에 다녀온 사자들이 무제에게 대완국에 대한 보고를 했다.

"대완국에는 아주 좋은 말이 있는데 이사성에 감춰놓고 우리에게 주려 하지 않습니다."

무제는 장사 차령에게 금으로 만든 말과 천금을 가지고 가서 좋은 말과 바꿔 오라고 했다.

무제의 요구에 대해 대완국 왕이 신하들과 논의하며 말했다.

"한나라는 우리와 멀리 떨어져 있고, 여러 차례 교류를 하고자 했으니 실패한 바가 있다. 그들이 북쪽에서 출발하여 이쪽으로 온다면 그 중간에는 흉노가 있어서 못 올 것이고, 남쪽에서 출발하여 이쪽으로 온다면 도중에 물과 풀이 부족하고 사람이 사는 마을도 없어 먹을 것을 얻지 못하는 경우가 많다. 한나라의 사자가 수백 명이 온다고 했을 때도 항상 먹을 것이 부족하여 죽은 자가 반을 넘었는데 어떻게 많은 군사가 올 수 있겠는가?

이사성에 있는 말은 대완국의 보물이니 내어줄 수 없다."

대완국 왕은 지리적인 여건을 믿고 무제의 요구를 거절했다. 한나라 사자는 화가 나서 막말을 하며 가지고 갔던 금으로 만든 말을 철퇴로 부수고 떠났다.

이를 본 대완국 귀족들도 화가 났다.

"한나라의 사자들이 우리를 얕잡아보는 것이 아닌가!"

그들은 동쪽 변경에 있는 욱성왕에게 명령을 내려 한나라 사자들을 죽이고 그들의 재물을 빼앗게 했다.

이 소식을 들은 무제가 대노했다. 그러나 한나라에서 대완국까지 가기에는 많은 어려움이 있어 그들을 정벌하자면 많은 비용이 드는 것이 자명했다. 그때 예전에 대완국에 사자로 갔던 요정한이 말했다.

"대완국의 군사는 약해서 한나라 군사 3천 명이 강노를 쏘면 그들을 모조리 포로로 잡을 수 있습니다."

이 말을 믿은 무제는 이광리를 이사장군으로 삼고 6천 명의 군사를 주어 대완국을 정벌하게 했다.

이 일에 대한 사마광의 해석을 보면 무제는 좋은 말을 얻기 위해 대완국과 전쟁을 일으킨 것이 아니라 자기가 아끼던 이 부인의 오빠인 이광리에게 공을 세울 기회를 주기 위해 대완국 정벌을 감행했다고 보고 있다.

무제는 이광리를 열후로 책봉하고 싶었지만 그가 공을 세운 것이 없었기 때문에 뜻을 이루지 못하고 있었다. 고조 유방이 세운 원칙을 어길 수 없었기 때문이다.

무제는 대완국을 정벌함으로써 처남인 이광리를 열후로 책봉하려는 생각과 고조가 만든 원칙을 지키는 두 가지 조건을 다 채우려고 한 것이다. 장군의 재능이 없는 이광리에게 반드시 성공할 수밖에 없는 정도의 전쟁을 맡겨 공을 세우게 했던 것이 무제가 대완국을 정벌한 속사정이었던 것이다.

022
무고의 난으로 태자를 잃은 무제

전한시대 14 (기원전 98년~기원전 87년)

무제 말년, 태자의 군대와 재상의 군대가 수도 장안에서 전투를 벌였던 비극이 있다.

무제는 평소 강력한 통치 정책을 썼지만 늙고 병들어 가는 운명을 피할 수는 없었다. 무제의 뒤를 이을 태자 유려는 관대하고 후한 사람이었기 때문에 무제에게 엄격한 정책을 추진하게 했던 각박한 관리들은 무제가 죽은 후의 일을 걱정하게 되었다.

그들은 기회가 있을 때마다 태자를 헐뜯었지만 무제와 태자의 관계는 돈독한 편이었다. 무제는 밖으로 행차할 때마다 항상 태자에게 뒷일을 부탁했고, 돌아와 보고를 받은 후에는 대부분 이견을 달지 않았다. 그만큼 태자를 믿고 의지한다는 뜻이었다.

그러던 중 태자의 배경이 되어 주던 외숙 위청이 죽자 각박한 정책을 추진하던 신하들은 더욱 극성스럽게 태자를 모함하고 헐뜯었다. 한번은 무제가 몸이 불편하여 상융에게 태자를 불러오라고 했는데, 태자궁에 다녀온 상융은 태자가 희색이 만면하다고 보고했다. 아버지 무제가 아파 죽게 되었다는 소식을 들은 태자가 기뻐하더라는 뜻을 내비친 것이다.

태자가 도착하자 무제는 아들의 얼굴을 자세히 살펴보았다. 얼굴에 눈물자국이 있었지만, 아버지 앞에서 태자는 억지로 웃으며 말하려고 노력하고 있었다. 무제는 태자를 해치기 위해 무고한 상융을 잡아 죽였다.

이때 궁중에는 나무인형을 묻어두고 제사를 지내며 미워하는 사람이 횡액에 걸리기 바라는 무고의 풍조가 있어 가끔 소란이 일었다. 무제도 병이 든 후에는 누군가 자신을 무고로 저주하는 것이 아닌지 의심하고 있었다.

태자와 관계가 나빴던 강충은 무제 이후 태자가 등극하면 자신은 죽을 수도 있다고 생각했다. 강충은 무당을 동원하여 궁중에 '산 아래 바람이 있는 고(蠱)의 기운이 있다.'고 보고하게 하고, 태자궁을 파헤쳐 무고를 찾아냈다고 무제에게 아뢰었다.

위기에 몰린 태자는 감천궁에 나가 있는 무제를 찾아가 직접 억울함을 호소하려 했으나 강충이 앞을 가로막았으므로 하는 수 없이 그를 잡아 죽이고 장안의 무기고를 열어 군사를 발동했다. 이 일은 태자가 반란을 일으켰다는 소문으로 번져 나갔다.

장안에 있던 승상은 사람을 보내어 무제에게 보고했고, 황제의 명을 받아 진압군을 편성했다. 그리하여 태자군과 승상군이 장안에서 싸우게 되었고, 결국 태자군이 패배하게 되었다.

천구리 마을로 숨어든 태자를 위해 가난한 집주인은 짚신을 만들어 팔고 먹을 것을 구해 왔다. 미안해진 태자는 전에 알던 부자에게 연락하여 도움을 청하려다 발각되자 스스로 목숨을 끊었다.

무제는 처음에 태자를 죽인 자에게 상을 내렸지만 나중에는 진상을 알게 되었다. 그제야 '죽은 아들 태자를 생각한다'는 뜻의 사자궁(思子宮)을 짓고, 태자가 아버지에게 돌아오려 했던 곳에 '귀래망사지대(歸來望思之臺)'를 지었다.

권력을 황제에게 집중하고 비판을 수용하지 않아 불가능하게 하였던 독재자 무제 유철의 마지막 비극이었다.

전한 소제·선제 시기

　기원전 83년부터 기원전 49년에 이르는 35년 동안의 역사는
《자치통감》권23에서 권27까지 다섯 권에 기록되어 있다. 이때 한
나라의 황위를 이은 사람은 소제 유불능과 선제 유순이다.

　소제 유불능은 무제의 막내아들로 13년간 재위하였다. 무제는
숨을 거두면서 어린 유불능을 황제로 세우게 하고 곽광과 금일제,
상관걸에게 힘이 되어 주기를 부탁했다. 이 세 사람 가운데 권력을
장악한 사람은 곽광이었는데, 이때부터 정치의 주인이 황제냐 신
하냐의 문제가 대두되기 시작하였다.

　곽광은 소제가 젊은 나이에 죽자 창읍왕을 황제로 세웠다. 그러
나 그가 하는 짓이 마음에 들지 않았으므로 폐위시킨 후 무제의 증
손자이자 무고의 난으로 거의 황족의 명색만 유지하고 있는 유순
을 황제로 세웠으니 이 사람이 바로 선제다. 선제의 할아버지는 무
제 때 태자로 있었으나 무고의 난으로 죽었다. 이후 무제의 증손자
인 유순은 아무런 배경도 힘도 없었기 때문에 곽광은 그를 황제로
내세워 놓고 권력을 휘두르려 한 것이다.

　곽광의 그림자 뒤에서 힘없는 황제 노릇을 하던 선제는 곽광이
죽자 곽씨 일파를 제거하고 황권을 되찾았다. 황권과 신권의 충돌
에서 일단은 황제가 승리를 거둔 것이다.

023
오환족의 독립 운동과 한나라의 정벌

한나라 북방에는 여러 종족이 살고 있었다. 북쪽에는 동호족, 서쪽에는 흉노족이 살고 있었는데 기원전 201년경 흉노의 난제 묵돌 선우가 동호를 격파한 후 대부분이 흉노에 복속되었고, 나머지 무리는 오환산과 선비산을 점거하고 부족을 이루어 대대로 살고 있었다.

한나라에서는 무제 때 흉노가 살고 있는 왼쪽 지역을 격파하여 오환 지역에 사는 족속을 상곡·어양·우북평·요동 지역에 있는 요새 밖으로 옮겨 살게 하고, 그들로 하여금 흉노의 동정을 살펴 한나라에 알리게 했다. 또한 오환족을 감독하기 위한 호오환교위의 관직을 두어 북방 지역에 사는 이민족을 효과적으로 통제하는 정책을 펼쳤다.

그럼에도 불구하고 오환족은 점점 힘을 키워 강성해졌고, 기원전 79년 소제 때 이르자 한나라에 반기를 들었다. 이른바 오환족의 독립 운동이 일어난 셈이다.

당시 흉노는 한나라의 요새 밖에 위치한 내몽골 지역을 습격하여 사람을 잡아가거나 수렵을 도모하기는 했다. 하지만 한나라에서 봉화 체계를 잘 정비해 두었기 때문에 감히 한나라의 요새를 습격하지는 못하던 상황이었다.

그런데 한나라 조정에 흉노가 2만 명의 기병을 동원하여 오환을 공격할 것이라는 첩보가 들어왔다. 오환족이 흉노의 최고 수장이었던 선우의 무덤을 도굴했기 때문이었다. 한나라 북방에 있는 이족인 오환족과 흉노의 분쟁이 일어난 것이다.

이처럼 한나라에 이웃한 나라들의 다툼은 한나라에도 영향을 미칠 것이 분명했다. 한나라에서는 오환족의 반란과 한나라 국경 가까이로 오는 흉노의 문제를 어떻게 처리할 것인지에 대해 논의가 분분했다.

호군도위 조충국이 이에 대해 말했다.

"흉노가 한나라에 반란한 오환족을 친다면 좋은 일입니다. 흉노는 한나라의 변방을 침입하는 일이 드물었으니 두 족속 간에 싸우는 일에는 간섭할 필요가 없습니다."

하지만 중랑장 범명우는 공격을 감행해야 한다고 주장했다. 당시 권력을 쥐고 있던 곽광은 범명우를 도요장군으로 삼아 요동 지역으로 2만 명의 군사를 출동시키며 말했다.

"군사란 출동했다가 빈손으로 돌아오는 법이 아니오. 흉노를 치는 것이 늦었다면 오환이라도 치시오."

한나라 군사가 출동하자 오환 지역을 수중에 넣고 있던 흉노는 군사를 철수하여 돌아가 버렸다.

 범명우가 오환 지역에 도착해 보니, 오환족은 흉노와 싸우느라 지쳐 있었다. 범명우는 오환족을 공격하여 6천 명의 목을 베고, 세 명의 오환왕의 목을 베어 가지고 돌아왔다. 한나라는 오환족이 흉노와 다툼 벌이는 기회를 이용하여 어부지리를 얻은 것이다. 그러나 이는 힘 있는 자의 무고한 횡포일 뿐, 정당한 이유를 찾기는 힘든 사건이었다.

선제의 '황제가 되는 고난의 길'

전한시대 16 (기원전 74년~기원전 68년)

강충이 일으킨 무고의 난으로 인해 한나라 무제는 아들인 여태자를 죽이는 비극을 겪었다. 이 과정에서 태자의 아들인 무제의 손자도 죽었고, 그 손자의 아들인 유병이만 강보에 싸인 채로 겨우 살아남았다. 유병이는 감옥에 갇혔다가 병길의 도움으로 목숨을 건진 후 외갓집에 맡겨졌다.

그 후 무고의 사건에 대한 진실이 알려지면서 유병이가 무제의 증손자라는 사실이 인정되었지만 이미 권력으로부터는 멀리 벗어난 신세가 되었다. 당시 권력을 쥔 사람들은 아무도 유병이에게 주목하지 않았고, 그가 장성한 후에도 딸을 주려는 명문대가가 없었다. 다만 폭실색부라는 하급관리 허광한이 아내의 반대를 물리치고 자기의 딸을 황증손에게 줌으로써 유병이는 겨우 혼사를 치를 수 있었다.

그 후 유병이는 외조모와 장인의 도움으로 《시경》을 배우고, 백성들과 섞여 살면서 인간 사회에서 일어나는 간사한 일이나, 하급관리들의 애환과 문제점을 경험하게 되었다.

세월이 흘러 무제의 뒤를 이은 소제가 23세에 후사 없이 죽자 조정에서는 황제를 세우는 문제가 대두되었다. 당시의 권력자였던 곽광은 무제의 아들인 창읍왕 유하를 새 황제로 낙점하고, 그를 창읍으로부터 모셔오게 했다.

유하는 소제의 상중이었음에도 불구하고 장안으로 오는 수레에 여자를 감추어 싣고 왔고, 자신이 거느리던 사람 200여 명도 함께 데리고 왔다. 황궁에 들어온 후에는 황위 계승자로서 소제의 상청에 나아가 곡을 해야 했지만 목이 아프다는 핑계를 대며 물러나기 일쑤였다.

황위에 오른 후에도 유하는 창읍왕 때의 수준을 벗어나지 못한 채 방종한 생활을 이어나갔다. 이에 공수나 장창 같은 사람이 진심으로 충성스럽게 간언했지만 유하는 듣지 않았다.

유하가 황제가 된 지 몇 달 만에 곽광은 황제로서 자질이 없다는 이유로 황제를 바꾸기로 결심했다. 곽광은 유하를 황제의 자리에서 폐하여 창읍왕으로 돌려보내고, 그를 좇아 장안으로 왔던 200여 명은 황제를 제대로 보필하지 못했다는 죄로 사형에 처했다. 그러나 이런 이유는 어디까지나 권력을 쥔 곽광의 견해일 수도 있다.

유하가 폐위된 후 한나라 조정에서는 다음 황제를 뽑는 일이 급선무가 되었다. 나라에 황제가 없을 수는 없었기 때문이다. 이때 재상의 자리에 오른 병길은 곽광에게 무제의 증손자이자 한나라 황실의 장손인 유병이를 추천했다.

이로써 유병이는 한나라의 새로운 황제가 되었는데, 이 사람이 바로 전한시대에 가장 정치를 잘한 사람으로 알려진 선제다.

황위에 오른 후에도 선제의 고난은 끝나지 않았다. 정치의 실권이 곽광에게 있었기 때문이다. 곽광은 자신의 딸을 선제의 황후로 삼고 싶어 했지만, 선제는 조광지처인 허광한의 딸을 황후로 천명했다. 이에 곽광의 처는 허 황후를 독살하고 자기의 딸을 선제에게 시집보내 황후로 삼았다.

힘 없는 황제는 그저 잠자코 시간을 견뎌야만 했다. 세월이 흘러 곽광이 죽자 전세는 역전되었다. 곽 황후는 쫓겨나고 곽광의 처는 처벌을 받았다.

025
소광이 자식을 사랑하는 방법

전한시대 17 (기원전 67년~기원전 62년)

　기원전 63년 선제 원강 3년 4월, 황태자의 스승인 태부 소광은 그의 아들 소부에게 이런 말을 했다.

　"만족할 줄 알면 욕된 일이 없고, 멈출 줄 알면 위태로워지지 않는다고 했다. 나는 벼슬살이를 하여 2천 석의 녹질을 받는 자리에 이르렀으니, 관직도 높아졌고 명성도 쌓았다. 이와 같은 때에 물러나지 않으면 후회함이 있을까 걱정이다."

　소부도 아버지 말에 동의했다. 소광 부자는 병을 핑계로 관직에서 물러나겠다는 상소를 올렸다. 선제는 이를 허락하면서 금 20근을 덧붙여 하사했고, 황태자도 스승인 이들에게 금 50근을 증정했다.

　조정의 대신들과 귀족들이 이들을 위해 동도문 밖에서 연회를 베풀어 주고 이들을 배웅하는 사람의 수레가 수백 량이나 되자 구경꾼들은 감탄했다.

　"소광과 소부, 저 두 대부는 진실로 현명하구나!"

　고향으로 돌아온 소광과 소부는 황제와 태자가 하사한 황금을 팔아 매일 연회를 열고 친족과 옛날 친구, 빈객을 초청하여 즐기느라 여념이 없었다. 이 일을 안타깝게 여긴 어떤 사람이 소광에게 자손을 위해 사업이라도 할 것을 충고하자, 소광이 대답했다.

"내가 아무리 늙고 미혹되었다 한들 어찌 자손을 생각하지 않겠는가? 황금이 아니더라도 내가 원래 갖고 있던 밭과 여막이 있으니 자손들이 거기에 부지런히 힘을 쏟는다면 먹고 사는 문제를 충분히 해결하며 보통 사람 정도로 살 수 있을 것이네.

그런데 이것을 늘려 더 여유롭게 한다면 이는 자손을 나태하고 타락하도록 만드는 일이 될 뿐이지. 재물이 많으면 그들이 큰 뜻을 펴는 데 해가 될 것이고, 그들이 우둔한 데도 재산이 많으면 허물만 더 많이 만들어 줄 뿐이거든.

무릇 재물은 많은 사람의 원망을 일으키는 화근인데 나는 자손을 잘 교화시키지 못했으니 그들의 허물을 늘려 원망 받게 하고 싶지 않네. 황금은 성스러운 군주가 이 늙은 신하에게 은혜로 봉양하기 위하여 하사하신 것이니, 고향의 친족과 친구와 더불어 황제의 하사품을 향유하며 여생을 다하는 것이 옳지 않겠는가?"

이에 친족들이 기뻐하며 감복했다.

026
반성으로 백성을 다스린 한연수

전한 선제 시대에 한연수라는 사람이 있었다. 그가 영천 태수로 임명받아 그곳에 가보니 전임자였던 조광한이 부정부패를 막는다는 이유로 관리와 백성들에게 서로 감시하고 고발하는 정책을 시행했다는 사실을 알게 되었다. 영천 사람들은 서로 원망하며 복수하는 일이 비일비재했다.

한연수는 백성들에게 예의가 무엇인지 가르쳤다. 의례를 가르치고 예물을 주고받을 때도 서로 논의하여 법도에 맞게 했더니 백성들이 모두 잘 따랐다.

이후 한연수는 동군 태수가 되었다. 그는 영천에서와 마찬가지로 예의로 백성들을 다스렸다. 현명한 사람을 모셔다 예의로 대우하고, 부모에게 효도하고 형제와의 우애가 뛰어난 사람을 표창했다.

또한 학관을 두어 교육을 강화했으며, 백성들에게는 날짜를 엄격히 지키도록 하고, 아랫사람들에게 한 약속은 스스로 잘 지켰다. 백성들은 그를 존경하고 두려워하면서도 잘 따랐다.

한연수는 마을별로 자치 정책을 펼쳐 하급관리가 쓸데없이 시골을 다녀야 하는 수고를 적게 했다. 백성들은 더 이상 관리들의 형장을 맞지 않게 되었다.

그가 관할하는 현의 치안 책임을 맡은 현위 한 사람은 태수를 속였다가 후회하고 자살하는가 하면, 자기의 직속 부하인 문하연이 목을 매는 일이 벌어지자, 한연수는 직접 그에게 의원을 보내어 보살피게 함으로써 큰 감동을 주었다. 그런 까닭에 이 지역에서는 3년 동안 옥사가 크게 줄고 명령이 잘 시행되었다. 이러한 업적으로 한연수는 수도인 장안의 동부 지역을 담당하는 좌풍익을 맡아 영전하게 되었다.

좌풍익이 된 한연수가 지역을 순시하는데, 조상이 물려준 땅을 가지고 다투는 형제를 만나게 되었다. 송사를 한 형제가 한연수에게 해결 방법을 문의하자 한연수는 생각에 잠겼다.

'내가 이곳의 책임자가 된 이후 백성들의 교화에 힘썼지만 골육 간에 송사를 하는 지경에 이르렀구나. 이는 나와 다른 모든 교화를 담당한 관리들에게 치욕스러운 일이다. 그 최고의 책임은 바로 나에게 있으니 내가 물러나야겠다.'

그날 이후 한연수는 몸이 불편하다는 이유로 정사를 돌보지 않았다. 문을 닫고 들어앉아 자신의 허물을 들여다보고 있었던 것이다. 그러자 관리들이 스스로 찾아와 잘못은 자신들에게 있으니 처벌해 달라고 읍소했고, 송사를 일으켰던 형제는 종친들로부터 꾸지람을 들은 뒤 자신들의 잘못을 후회했다. 그들은 머리를 깎고 찾아와 윗옷을 벗고 사과했다. 그 후 그가 다스리는 24현에서는 아무도 송사를 벌이지 않았다.

027
어머니도 외면한 사람백정 엄연년

전한시대 19 (기원전 58년~기원전 49년)

선제 시절 하남 태수로 부임한 엄연년은 정사를 처리하는 데 있어 음험하고 지독했다. 관리와 백성들은 노심초사 그의 눈치를 보며 전전긍긍할 수밖에 없었는데, 그의 처사에 대해 이렇게 말했다.

"죽어야 할 사람은 하루아침에 풀어 주고, 살려야 할 사람은 궤변으로 죽인다."

겨울이 되면 태수가 있는 군으로 각 현의 죄수를 데려와 죄를 심리하는데 워낙 사형 집행이 빈번하다 보니 목을 잘라 나온 피가 몇 리를 이어 흘러나갔다. 사람들은 엄연년을 '사람백정'이라 불렀다.

동해에 살던 엄연년의 어머니는 태수가 된 아들이 매년 말에 드리는 큰 제사에 참여하려고 하남으로 왔다가 자기 아들이 죄수들을 처단하는 것을 보게 되었다. 그녀는 아들을 찾아가지 않고 역사에 머무르며 아들이 찾아와도 만나려 하지 않았다. 엄연년이 찾아와 백배 사죄하며 문밖에서 오랫동안 머리를 조아리자 그의 어머니는 겨우 입을 열었다.

"내 아들이 태수가 되어 1천 리를 다스리고 있건만, 백성들을 안전하게 보살피며 교화한다는 소식은 없고 오직 형벌로 많은 사람을 죽여 위엄을 세우려 하고 있으니 어찌 이것이 백성의 부모가 된 뜻이겠는가?"

엄연년은 백배 사죄한 후에야 겨우 어머니를 태수의 처소로 모시고 갈 수 있었다. 하지만 어머니는 제사가 끝나자마자 동해로 떠나며 아들에게 말했다.

"하늘의 도는 신령하고 밝아서 사람의 마음대로 할 수 없다. 늙은 나는 장정이 된 아들이 형벌을 받아 죽는 것을 볼 수 없으니, 너를 떠나 동해로 돌아가 조상의 무덤이나 돌보며 살겠다."

그로부터 1년 뒤, 하남 지역은 풀무치 떼인 황충의 해를 입게 되었다. 부승 관직을 맡은 의가 재해 지역을 돌아보고 오자 엄연년이 물었다.

"이 황충은 봉황의 먹거리인가?"

하남의 이웃인 영천군에는 엄연년이 평소 얕보던 황패가 태수로 부임했는데, 그가 정치를 잘 하자 봉황이 모여들었다. 이 소식을 들은 황제가 황패에게 칭찬의 조서를 내렸는데, 엄연년은 이 일을 생각하며 물은 것이다.

하지만 엄연년의 말뜻을 이해하지 못한 의는 그가 자신을 중상 모략하는 줄 알고 두려워했다. 엄연년은 평소 의를 총애했지만, 의로서도 엄연년에 대한 두려움을 떨칠 수가 없었던 것이다.

의는 휴가를 받은 후 장안으로 가서 황제에게 엄연년이 지은 죄 열 가지를 적은 편지를 올렸다. 그리고는 자신의 말이 진실이라는 것을 증명하기 위해 스스로 목숨을 끊었다.

조정에서 어사승을 하남으로 보내 조사하게 하니, 실제로 엄연년이 황제를 비방한 일들이 드러났다. 엄연년은 대역부도하다는 판결을 받아 처형되었고, 그의 목은 저자에 걸렸다. 이 소식을 전해들은 동해의 친척들은 엄연년 어머니의 혜안에 감탄했다.

前漢時代

전한 원제·성제 시기

　기원전 48년부터 기원전 6년에 이르는 43년 동안의 역사는 《자치통감》 권28부터 권33까지 여섯 권에 실려 있다. 한 왕조의 부흥기로 불렸던 선제 유순의 뒤를 이어 그의 아들인 원제 유석과 유석의 아들인 성제 유오가 황위를 이었다.

　온갖 우여곡절을 끝에 황제가 되었던 아버지 선제와는 달리 원제는 구중궁궐에서 귀하게 자라 황제가 되었는데, 성격이 우유부단했을 뿐만 아니라 정치에는 관심이 없고 동성애에 빠져 살다가 죽고 말았다. 원제가 죽은 후 태후가 된 왕정군은 아들 유오를 황위에 올리니 이 사람이 성제다. 이때부터 태후의 외척들이 권력을 전횡했고, 왕 태후의 조카인 왕망이 등장하여 한나라를 망하게 하고 신나라가 열리게 되는 계기를 제공하게 되었다.

망국의 씨앗이 된
원제의 우유부단함

전한시대 20 (기원전 48년~기원전 42년)

선제의 뒤를 이어 한나라의 황제로 등극한 원제는 청사에 길이 이름을 남길 수 있는 좋은 정치를 하겠다고 결심했다. 원제는 경학에 밝고 행실도 깨끗하다는 공우를 불러 물었다.

"마음을 비우고 좋은 정치를 할 수 있는 방법은 무엇이오?"

"하늘이 성인을 내신 것은 만민을 위한 것이지 스스로 즐기게 하려고 내신 것이 아닙니다. 하오니 절약하고 검소하게 생활하소서. 먼저 옷에 들어가는 비용을 줄이고, 궁에서 사용하는 말을 줄이며, 궁녀와 황제의 수레에 치장하는 것들도 줄이십시오."

공우의 말에 공감한 원제는 궁중에서 불필요한 옷을 줄이고, 말도 줄였으며, 후궁도 줄이도록 했다. 또한 스승인 전장군 소망지와 광록대부 주감이 추천한 좋은 인재를 등용하며 공정한 정치를 펼쳐나가기 시작했다.

하지만 언제 어디서건 국가를 위하기보다 개인의 이익을 챙기는 데 혈안인 존재들이 있게 마련이다. 원제 때는 외척인 사고와 허장, 황제의 총애를 받는 환관 석현 등이 그런 사람들이었다.

이들에게 소망지와 주감은 눈엣가시에 다름이 아니었다. 사고와 허장 등은 소망지가 휴가인 날을 기다렸다가 황제에게 그를 모함하는 상소문을 올렸다.

상소문을 본 원제가 명령했다.

"소망지를 정위에게 내려 보내라."

이 명에 따라 소망지는 즉시 구금되었다. 황제가 된 지 얼마 안 된 원제는 '정위에게 내려 보내라'라는 말이 통상적으로 구금하라는 뜻으로 쓰이는 것을 미처 알지 못했다. 그저 소망지를 정위에게 보내 조사받게 하라는 뜻으로 명령한 것인데 그 때문에 소망지가 구금되자 원제는 자신의 명이 잘못되었다는 것을 깨달았다.

"소망지를 석방하라."

원제의 명에도 불구하고 사고는 궤변을 늘어놓았다.

"폐하의 명으로 구속한 자를 바로 석방한다면 폐하께서 경솔하셨다는 평을 들을까 두렵사옵니다. 하오니 소망지와 주감을 면직하여 폐하의 이름을 세우십시오."

이후 원제는 소망지와 주감을 다시 등용하려 했지만, 번번이 석현 등의 참소에 시달리게 되었다. 결국 소망지는 스스로 목숨을 끊고 말았다.

이 사건에 대하여 사마광은 원제의 우유부단함을 지적했다.

원제는 쉽게 잘 속고 나중에도 깨닫지 못한 사람이라고 평가한 것이다. 처음에는 참소꾼들의 궤변에 넘어갔다 하더라도 나중에 이들이 황제를 속였음을 알려주는 모든 정황과 증거가 드러난 후에는 결단을 내려 소망지를 무죄방면해야 함에도 그러지 못하고 우유부단한 태도를 보였다는 것이다.

원제는 계속되는 참소꾼들의 전횡에 대하여 시비를 가리지 못함으로써 한나라의 권력이 외척인 왕씨에게 넘어가는 것도 깨닫지 못했다. 원제가 죽은 지 30여 년 후 왕망이 등장하여 한나라를 몰락시키는데 이에 대한 근원적인 책임은 원제에게 있다고 할 것이다.

029
혼란의 주범을 다스리지 못한 원제

전한시대 21 (기원전 41년~기원전 33년)

원제는 《주역》에 통달하여 재난과 이변을 잘 맞추는 경방을 총애하여 자주 불러들였다. 경방은 정치를 그르치고 있는 주범인 중서령 석현을 제거하려는 목적으로 원제에게 인재 등용에 대한 대화를 유도했다.

"폐하, 주나라를 몰락하게 한 유왕이나 나라가 위태로워진 여왕 시대에는 군주가 간사한 신하를 알고서도 채용했을까요?"

"그럴 리가 있겠나. 현명하다고 생각해서 채용했겠지."

"그런데 지금에 이르러 그들을 현명하다고 생각하지 않는 이유는 무엇입니까?"

"그들이 다스리던 시대가 혼란했고 임금이 위태로워졌기 때문이오."

"폐하께서 즉위하신 이후 해와 달이 빛을 잃고, 산이 무너지며 지진이 일어나고, 운석이 떨어졌습니다. 또한 여름에 서리가 내리고 겨울에 천둥이 치며, 봄에는 꽃이 마르고 가을에 잎이 무성해집니다. 그뿐만 아니라 수재와 한재, 황충의 피해가 일어나 백성들이 굶주리고 있는데, 지금은 어떤 시대입니까?

"혼란한 시대지."

"그렇다면 지금 정치를 맡고 있는 사람이 누구입니까?"

"그래도 전보다는 좋지 않소."

"전 시대의 군주도 모두 그렇게 생각했겠지요."

경방과 대화를 나누던 원제가 물었다.

"그렇다면 오늘날 천하를 어지럽히고 있는 사람이 누구요?"

"밝으신 군주께서는 이미 알고 계십니다."

경방의 대답에 원제는 고개를 갸웃거렸다.

"내가 알고서야 등용했을 리 있겠소?"

"황상께서 가장 신임하시어 휘장 속에서 천하의 선비를 올리거나 내치는 바로 그 사람입니다."

이 대화에서 석현의 이름은 한 번도 안 나왔지만 원제는 혼란의 책임이 석현에게 있다는 것을 깨닫게 되었다. 그럼에도 불구하고 원제는 석현을 물리치지 못했다.

사마광은 이러한 원제와 경방의 관계를 《시경(詩經)》의 한 구절로 설명했다.

'얼굴을 맞대고 말했을 뿐만 아니라 귀를 잡고 말했고, 손으로 잡아끌었을 뿐만 아니라 보여주기까지 하며 말했다. 거듭거듭 말을 해도 이야기를 겉으로 듣는다.'

자기가 살던 시대의 혼란을 자연재해로 예로 들며 황제의 각

성을 촉구하던 경방은 석현에게 몰려 죽임을 당하고, 원제가 죽은 후 한나라는 왕씨에게 넘어가 결국 왕망의 신 왕조로 바뀌게 된다. 혼란의 시대를 제대로 대응하지 못한 권력자의 종말이다.

충신의 간언을 실천하지 못한 성제

전한시대 22 (기원전 32년~기원전 23년)

한나라 원제의 뒤를 이어 성제가 등극하면서 외척인 왕씨가 서서히 고개를 들기 시작했다. 왕씨 5형제는 모두 열후가 되었고, 집안 사람들은 앞다투어 사치하니 사방에서 그 집안으로 뇌물이 흘러들었고 문하에는 빈객들이 가득했다. 출세하고 싶은 사람들은 입을 모아 왕씨들이 훌륭하다고 칭송했다.

하지만 유향은 달랐다. 천재지변이 나타나는 가운데 황제의 외가인 왕씨만 날로 번성하니 결국 그들이 유씨가 세운 한나라를 위태롭게 할 것이라 생각한 것이다.

그렇다고 하여 정권을 쥐고 있는 왕씨를 드러내어 비판할 수 없는 분위기였으므로 유향은 간언하는 글을 쓴 후 다른 사람은 볼 수 없도록 봉함하여 성제에게 보냈다.

"신이 듣기로는 임금 가운데 안정을 바라지 않는 사람은 없었으나 항상 위험한 일이 생겼으며, 나라가 오래 유지되기를 바라지 않는 사람은 없었으나 멸망해 버리는 일도 있었습니다.

임금이 신하를 통제하는 방법을 잊으면 나라가 위태로워지는

데, 지금 한나라에서는 신하인 대장군이 전권을 휘두르며, 자기 마음에 들지 않는 사람들은 내쫓고 있습니다. 그들을 칭찬하는 사람은 등용되어 진급하고, 그들을 욕하거나 그들에게 원한을 산 사람들은 주살되거나 다칩니다.

그렇다고 해서 외가인 왕씨를 죽이라는 것은 아닙니다. 왕씨가 영원히 작위와 녹봉을 유지하게 하시되, 유씨가 사직을 잃지 않게 하십시오."

유향은 간절한 충고와 함께 난국을 타파하는 방법을 제시하고 있었다. 이 글을 읽은 성제는 유향을 불러 비통해 하면서 말했다.

"그대는 좀 쉬고 있으시오. 내가 앞으로 이 문제를 깊이 생각해 보겠소."

그러나 성제는 끝내 유향의 충고를 받아들이지 않았다.

그로부터 20여 년 후 유씨가 세운 한 왕조는 왕씨의 신 왕조로 바뀌고, 이로부터 15년 뒤에는 왕망도 쫓겨나 죽게 되는 역사적 비극이 일어났다. 성제가 유향의 충고를 제대로 받아들여 실천했더라면 한 왕조는 그리 쉽게 망하지 않았을 것이며, 왕망이 처참하게 죽는 일도 안 생겼을 것이다. 권력을 쥔 사람이 시대를 올바르게 보는 사람의 말에 귀를 기울이지 못하고, 난세를 극복할 수 있는 해법을 실천하지 못했기 때문이다.

여색에 빠져 나라를 망친 성제

전한시대 23 (기원전 22년~기원전 14년)

한 왕조는 성제 때 본격적으로 기울어지기 시작했다. 성제 이후 15년 동안 애제, 평제, 유자영으로 이어지는 세 명의 황제는 겨우 명맥만 유지했을 뿐, 권력은 이미 왕망에게 넘어가 있는 상태였다.

성제는 우유부단한 데다가 여색에 빠져 조비연을 황후로 올리고 다시 그녀의 여동생을 소의로 올렸다. 뒷방으로 물러난 조비연은 시랑이나 궁노들과 간통을 했는데, 성제는 이 일을 간언하는 사람을 오히려 죽였다. 이처럼 성제는 바보라고 해야 할지 독재자라고 해야 할지 모를 일만 계속했다.

하지만 어느 시대라도 올바른 생각을 하는 사람은 있다. 성제 때도 빗발치게 상소문을 올리는 사람이 많았다. 그들은 사치스러운 무덤을 짓고 있는 성제에게 상소문을 올렸다. 해당 지역에 살던 백성을 다른 곳으로 옮기면서까지 3년 동안 진행하는 공사가 마무리되지 않고 있었으니 나라를 걱정하는 이들이 어찌 상소문을 올리지 않을 수 있을 것인가. 성제는 유향이 간절하게 올린 상소문을 보고 겨우 공사를 중지시켰다.

또한 후사가 없는 성제는 귀신이나 방술을 좋아하여 그 일에 종사하는 사람을 데려다 벼슬을 주었는데 그 수가 많았다. 당연히 제사 지내는 비용도 많이 들어갔다. 곡영이 그런 것에 현혹되지 말라고 상소문을 올리자 성제는 수긍하는 태도를 보였다.

매복 또한 상소문을 올려 황제에게 각성을 촉구했다.

"선비는 국가가 중히 여겨야 할 그릇입니다. 선비를 얻게 되면 국가는 힘을 얻고 선비를 잃으면 국가는 가볍게 됩니다. 춘추시대 제나라의 환공은 구구단을 가지고 알현을 청한 시골 사람도 기꺼이 만났습니다. 그런데 폐하께서는 제가 뵙자고 하여도 세 번이나 거절하셨습니다.

폐하께서는 천하 사람들의 언론을 받아들이지 않으시고, 오히려 죄인으로 몰아 죽이셨습니다. 무릇 솔개와 까치 같은 나쁜 새들이 해를 입게 되면 좋은 새들도 점점 멀리 가 버리는 것처럼 어리석은 사람이 이처럼 주륙 당하면 지혜 있는 선비들도 깊숙이 물러나 버립니다.

최근에 어리석은 백성들의 상소 가운데 급하지 않은 것은 말하지 못하게 한 법률을 위반했다는 이유로 정위에게 보내어 죽게 한 경우가 많았습니다."

매복의 상소는 인재를 중요하게 생각하지 않고 자신의 눈과 귀를 막고 있는 성제의 실정을 지적하고 있는 것이었다. 그러나 성제는 이 말 또한 받아들이지 않았고, 결국 200여 년을 이어 내려온 한 왕조를 망하게 하는 계기가 되고 말았다.

정도왕 유흔의 후계자가 되는 길

전한시대 24 (기원전 13년~기원전 8년)

황제에게 후사가 없다는 것은 가까운 친척들에게 황제가 될 수 있다는 희망을 주게 된다. 성제에게 후사가 없었으므로, 그와 가까운 친척들 중 일부는 황제가 될 수 있는 절호의 기회라고 생각하고 있었다. 그 가운데서 성제와 가장 가까운 사람은 동생인 중산왕 유흥과 조카인 정도왕 유흔이었다.

유흥과 유흔이 장안에 와서 성제를 알현하는데, 두 사람의 태도가 사뭇 달랐다. 중산왕 유흥은 황제를 알현하러 오면서 스승인 태부만 동행한 데 비해서, 정도왕 유흔은 태부는 물론이요, 정도국의 정치를 담당하는 재상과 호위를 담당하는 중위까지 데리고 온 것이다. 성제가 그 이유를 물으니 정도왕 유흔이 대답하였다.

"법령에 의하면 제후왕이 황제를 알현하러 올 때는 그 나라에서 2천 석의 녹질을 받는 관리를 따르게 하여야 한다고 되어 있습니다. 태부와 재상, 중위는 모두 2천 석의 녹질을 받는 관리이므로 법에 의거하여 모두 따라오게 한 것입니다."

성제가 유흔에게 《시경》을 암송해 보라고 하자 그는 아주 잘 외우고 설명도 능숙하게 했다.

다른 날, 성제는 중산왕 유흥을 불러 물었다.

"그대는 나를 보러 오면서 태부만 따라오게 했는데 이것은 무슨 법에 근거한 것인가?"

유흥은 대답하지 못했다. 황제가 유흥에게 《상서》를 암송하라 명했는데 유흥은 외우지 못했다. 성제가 음식을 내리자 유흥은 배가 부르도록 실컷 먹고 수저를 놓았는데, 일어날 때 보니 버선 끈이 풀어져 있었다. 황제 앞이었지만 조심성 없이 실컷 음식을 먹은 것이다. 그 모습을 본 황제는 중산왕 유흥은 황제가 될 자질이 없다고 판단했다.

유흔의 할머니 부 태후는 정도왕을 따라 황제를 알현하러 들어왔는데 사사로이 조 황후와 조 소의 자매를 문안하며 뇌물을 안기고 권력자인 표기장군 왕근에게도 뇌물을 듬뿍 주었다. 이들은 황제에게 정도왕을 칭찬하며 후사로 삼을 것을 권고했다.

황제 역시 정도왕 유흔이 재주 있다고 생각하여 관례를 치러주고 봉국으로 돌려보냈다. 이때 유흔의 나이는 17세였다.

다음 해 조정에서는 후사 결정을 위한 논의가 벌어졌다. 적방진과 왕근, 염포, 우박 등이 입을 모아 말했다.

"정도왕 유흔은 폐하 동생의 아드님이신데, 예법을 보면 형제의 아들은 친아들과 같아서 그 아들로 후사를 이을 수 있다고 했습니다. 그러니 정도왕을 후사로 삼으십시오."

그러나 공광은 달리 대답했다.

"후계자는 가장 가까운 사람으로 세우라고 했습니다. 중산왕 유흥은 폐하의 친동생이니 그를 후사로 삼아야 합니다."

이 후계 싸움의 결과는 짐작한 대로 성제의 조카인 유흔이 승리를 거두었다. 이때 태자가 된 유흔이 나중에 애제로 등극한다.

033
하늘을 속이고 사람도 속인
성제의 최후

전한시대 25 (기원전 7년~기원전 6년)

성제 2년, 한나라 전국에는 이상한 재앙과 변고가 자주 일어 났다. 이때 하늘의 별자리인 이십팔수의 다섯 번째 자리에 해당 하는 심수에는 형혹이라 불리었던 화성이 들어가 있었는데, 이 때의 사람들은 이것을 큰 재앙의 예고로 보았다.

승상부의 관리 이심은 재상 적방진에게 편지를 보내 재앙과 변고가 다가오고 있음을 알리며, 곧 하늘에서 벌이 내릴 것이니 누군가는 책임을 져서 하늘의 노여움을 막아야 한다고 주장했 다. 적방진도 근심에 빠졌지만 달리 뾰족한 방법이 없었다.

그러자 성제는 적방진에게 책망하는 편지를 내렸다.

"그대를 재상 자리에서 물러나게 하고 싶지만 아직은 차마 그 러지 못하고 있소. 내가 상서령으로 하여금 그대에게 좋은 술 10석과 살찐 소 한 마리를 내리게 했으니 알아서 잘 처리하시 오."

하늘의 노여움을 막기 위해서 재상으로써 해야 할 일은 액막 이 노릇을 하라는 말이다. 액막이가 되어 죽으면 장사지내고 제사 지내는 물건이 필요할 것이니, 소와 술을 내린 것이다.

적방진이 바로 황제의 명을 받들어 스스로 목숨을 끊자 성제는 자신이 사주한 일은 비밀에 부치고 그를 장사지내는 데 필요한 온갖 화려한 것들을 다 내려 준 후 친히 조문했다.

이 일에 대하여 사마광은 옛일을 들어 그 부당함을 말하고 있다.

"적방진이 죽을죄를 짓지 않았는데 성제가 그를 죽여 큰 변고를 감당하게 한 것이라면 이는 하늘을 속이는 짓이다. 또한 성제가 적방진의 장례를 후하게 치른 것은 사람을 속인 것인데 이처럼 하늘을 속이고 사람을 속임으로써 끝내 무슨 소득이 있겠는가?"

그로부터 한 달이 지나지 않아서 성제는 죽었다. 성제는 평소에 건강해서 죽는 날 저녁에도 좌장군 공광을 승상으로 삼으려고 임명장을 쓰고 그에게 줄 도장을 새겨 놓았다. 이처럼 저녁을 지나 밤이 되기까지 평상시와 다름이 없던 성제는 새벽에 일어나 바지를 입으려다가 옷을 떨어뜨린 후 말을 못하게 되었고, 얼마 지나지 않아 죽고 말았다.

사람들은 성제 옆에 있던 조 소의에게 책임을 돌렸다. 황태후가 대사마 왕망에게 조서를 내려 황제의 죽음에 대한 조사를 명하자, 소의의 자리에 있으면서 성제의 총애를 받았던 조비연은 스스로 목숨을 끊었다.

성제는 주색에 빠져 있었고, 조 소의는 궁궐의 질서를 어지럽혔으며, 외척인 왕씨는 조정을 농단했다. 또한 백성들로부터 세금을 걷어 들이면서도 수리 시설을 고치지 않았으니 비만 오면 홍수가 났고, 비가 조금만 오지 않아도 가뭄이 들었다.

결국 황제가 정치를 잘못하여 불러온 재앙이었음에도 스스로의 잘못을 돌아보지 않고, 재상 자리에 있는 적방진에게 책임을 전가하여 다가올 화를 면하려 했던 성제는 애꿎은 희생물에도 불구하고 아무런 효험을 보지 못한 채 죽고 말았다.

전한 애제~왕망 시기

전한이 멸망하고 왕망이 신나라를 세웠다가 망하는 기원전 5년
부터 22년까지의 27년 역사는 《자치통감》 권34부터 권38에 이르
는 다섯 권에 기록되어 있다. 이때의 황권은 애제와 평제를 거쳐
왕망으로 이어진다.

성제 유오가 죽자 성제의 조카인 유흔이 황제가 되었는데 이 사
람이 애제다. 애제를 황위에 올린 부 태후가 실권을 장악했지만,
애제가 7년 만에 죽자 원제의 손자인 3살배기 유간이 황위에 오른
다. 평제 유간의 등극으로 권력은 왕 태후에게 돌아갔고, 외척인
왕망이 다시 등장했다.

한나라의 권력을 차근차근 장악해 나간 왕망은 급기야 스스로
황위에 오르며 신나라를 건국했지만, 겨우 15년을 유지하다가 멸
망하고 말았다. 이로써 전한 시대가 막을 내린다.

034
양웅의 흉노를 다루는 법

전한시대 26 (기원전 5년~기원전 3년)

전한 말기, 성제의 뒤를 이어 애제가 등극하자 흉노의 우두머리인 선우가 한나라에 들어와 황제를 알현하겠다는 요청을 해왔다. 한나라에게 북방의 흉노는 항상 골치 아픈 문젯거리였으므로 조정에서는 이에 대한 의견이 분분했다.

"흉노의 기세가 우리를 압도하여 선제와 원제 시절에도 선우가 입조한 후에 큰 변고가 생겼습니다."

기원전 49년 1월 흉노가 한나라 조정에 입조했었는데, 그해 12월에 선제가 죽었다. 또한 기원전 33년 1월에도 흉노가 입조했었는데, 그해 5월에는 원제가 죽었던 것을 염두에 둔 염려였다. 이처럼 흉노가 입조할 때마다 불길한 일이 벌어졌고, 흉노의 입조에 따른 경비도 만만치 않았으므로 허락하지 않는 것이 좋겠다는 의견이 지배적으로 대두되었다.

그러자 황문랑 양웅이 간하는 글을 올렸다.

"예전 시대라 하여 어찌 끝없이 들어가는 비용을 기꺼이 감당했을 것이며, 죄 없는 사람을 즐거운 마음으로 부리며 말똥 태우는 것이 바라보이는 곳으로 가서 싸웠겠습니까? 한 번의 수고를 하지 않으며 영원히 편안할 수 없고, 잠깐 돈을 쓰지 않으면 영원히 편안하지 않을 것이기 때문에 그리한 것입니다.

흉노는 다루기가 어려워 진나라 시황제도 흉노가 사는 서하를 넘지 못했고, 한나라를 세운 고제께서도 수십만 명의 군대를 길러 흉노를 공격했지만, 결국 화평할 수밖에 없었습니다. 굶주린 호랑이를 꺾기 위해 이렇게 참으며 100만의 군사를 거느리고, 창고의 재물을 운반하여 깊은 산골짜기에 집어넣으면서도 후회하지 않은 것입니다.

북쪽의 오랑캐가 복종하지 않으면 한나라에서는 편안히 잠잘 수 없습니다. 그들이 복종하지 않을 때는 군사를 수고롭게 하더라도 멀리까지 나아가 공격해야 합니다. 나라를 기울여 재물을 쏟아내고 엎드려 피 흘리며 죽더라도 굳게 닫은 성을 깨뜨리고 적을 격파해야 할 것입니다.

그러나 그들이 복종한다면 그때는 그들을 위로하고 위엄과 의로써 굽어보고 올려보면서 접대해야 할 것입니다."

양웅의 흉노 정책은 먼저 힘으로 제압한 후 자비를 베풀어야 한다는 것이었다. 또한 그들이 복종의 뜻을 보일 때는 너그럽게 받아 주어야 한다고 했다. 즉 흉노의 선우가 입조하여 새로운 황제에게 인사를 올리겠다는 것은 복종의 뜻이므로 받아주어야 한다는 것이다.

한나라 조정에서는 양웅의 의견에 따라 흉노 선우에게 입조를 허락했지만 정작 선우가 병이 나는 바람에 이 일은 나중으로 미루어졌다.

035
친정을 구하려다
나라를 망하게 한 왕 태후

애제는 성제의 뒤를 이은 지 7년 만인 27세에 죽었다. 그러자 그동안 정치 일선에서 배제되어 있던 태황태후 왕씨가 재빠르게 움직이며 권력을 거머쥐기 시작했다. 황제 없는 황실에서 그녀는 모든 전권을 쥔 최고의 어른이었으므로 황제의 인새와 인수를 챙기고 애제의 장례 절차를 주관했다. 애제가 후사 없이 죽었으므로, 새로운 황제를 뽑는 일도 그녀의 몫이었다.

왕 태후는 성제 이후 권력에서 멀어진 친정을 되살리겠다고 다짐했다. 애제가 총애했던 대사마 동현을 탄핵하고, 고아인 친정조카 왕망에게 대사마 벼슬을 내려 애제의 장례를 치르게 했다. 그리고 중산왕 유기자를 데려다 애제의 뒤를 잇게 했다.

왕망은 익주에 은밀히 연락하여 하얀 들닭 한 마리와 검은 들닭 두 마리를 황실에 진상하게 했다. 전후 사정을 모르는 태후는 이 닭들을 종묘의 제사에 쓰라고 하면서 왕망을 칭찬했다.

"옛날에 주공이 하얀 들닭을 얻은 다음 상서로운 일이 생겼는데, 이제 우리 한나라에도 상서로운 일이 일어나겠구나. 이 모든 공로가 왕망에게 있다."

왕 태후는 왕망에게 안한공이라는 높은 작위를 하사했는데, 왕망은 만백성이 다 잘 살게 될 때까지 작위를 받지 않겠다고 버텼다. 그는 모든 사람에게 은혜를 베풀었다. 벌 받은 사람을 사면하고, 퇴직한 관리에게 원래 녹봉의 3분의 1을 종신토록 지급하게 했으며 이러한 혜택이 평민과 과부, 홀아비에게까지 미치게 함으로써 백성들의 신망을 얻었다.

왕 태후는 전적으로 왕망을 신임하여 황제와 맞먹을 정도의 권력을 주었다. 그 후에도 왕망의 선정은 계속되어 가뭄이 들었을 때는 스스로 소식하며 모범을 보였고, 재산을 털어 빈민을 구제했다. 신하들은 나이 많은 왕 태후에게 친정 조카인 왕망에게 권한을 이양할 것을 권하기에 이르렀다.

하지만 이러한 왕망의 선정은 철저하게 의도된 것이었다. 그가 노린 것은 높은 벼슬이 아니라 황제의 자리였기 때문이다. 왕 태후는 뒤늦게 왕망의 검은 속내를 알고 가슴을 쳤다. 친정을 일으키고자 고아인 친정 조카 왕망을 등용했었지만, 그 일로 한나라의 운명을 마감케 한 것이다.

왕 태후는 회한의 눈물을 흘리며 왕망의 검은 마수로부터 황제와 옥새만은 지키려 했지만 소용없는 짓이었다. 결국 한나라는 왕망에 의해서 망하고, 새로운 신나라가 왕망에 의해 세워졌다.

036
가황제 왕망이 건국한 신나라

전한시대 28 (3년~8년)

유방이 세운 한나라에서는 유씨만 황제가 될 수 있었다. 애제가 죽은 후 태황태후 왕씨 덕택에 권력을 잡은 왕망은 황제의 자리에 오르고 싶어 했으나 뾰족한 수를 찾지 못하고 있었다. 유씨가 아니므로 한나라 황제는 될 수 없었고, 스스로 황제가 되려면 새로운 나라를 세워야 하는데 이를 합당하게 만들어 줄 수 있는, 모든 이가 수긍하는 업적이나 공로가 없었기 때문이다.

왕망은 애제의 뒤를 이어 황제가 된 평제를 독살한 후 두 살짜리 유영을 데려다 황태자로 세우고 유자라 불렀다. 그리고는 자신이 주나라의 주공처럼 어린 유자를 잘 보필하여 정치를 이끌고, 유자가 20세가 되어 관례를 치루면 정치를 돌려주겠노라 천명했다.

그는 자기를 위해 공로를 세운 수백 명에게 무더기로 작위를 주어 지지 세력을 구축하고, 각지에서 일어난 상서로운 일에 대한 보고를 받으니 출세하려는 사람들이 앞다투어 기이한 일을 보고했다. 왕망은 이러한 일들이 하늘의 뜻이라고 주장하며 왕 태후에게 자신이 '가황제(假皇帝)'로 불리도록 해 달라고 요청하여 허락을 받았다.

본래 행실이 좋지 않고 허풍 치기를 좋아하던 애장은 구리 궤짝 두 개를 만들어 하나에는 '천제가 사용하는 옥새의 금궤도'라 쓰고, 다른 하나에는 '어떤 사람이 적제의 도장을 황제에게 전하는 금책서'라고 써 두었다. 궤짝 안에는 왕망이 진짜 황제가 되어야 한다는 말과 더불어 그를 도울 사람의 명단과 직위를 기록한 문서를 넣었는데, 애장은 거기에 자기 이름도 슬쩍 끼워 넣었다. 그리고는 밤이 되기를 기다렸다가 노란 옷을 입고 그 궤짝을 한나라를 세운 고조 유방의 사당에 몰래 갖다 두었다.

고조의 사당에 간 왕망은 이 궤짝을 열고 제사를 지내며 신으로부터 선양을 받았다고 주장했다. 그리고는 왕 태후에게 여러 가지 이유를 대며 자신이 진짜 황제가 되어야 한다는 상소문을 올렸다.

이때 유자는 아직 황태자 상태였기 때문에 황제의 옥새는 태후가 기거하는 장락궁에 있었다. 왕 태후는 왕망에게 옥새만큼은 내어주지 않으려 했지만 역부족임을 깨닫고 옥새를 내던지며 울부짖었다.

"나 같은 늙은이야 이내 죽겠지만 왕망은 끝내 우리 형제와 종족을 주멸시킬 것이다."

왕망은 모든 것을 개혁하여 새롭게 한다는 뜻으로 '신(新)'이라는 국호를 사용했지만, 새로운 것은 이름뿐이었다. 관청 명칭이나 지명을 바꾸고, 이웃나라인 고구려(高句麗)를 하구려(下句麗)로 바꿔 불렀지만 어느 것 하나도 새로워지고 제대로 고쳐진 것은 없었다.

거짓으로 세운 나라가 제대로 설 자리는 없다. 왕망의 신나라는 15년 만에 유수에게 망하고, 왕망은 자신은 물론 왕씨 종족까지 멸망하게 만들었다.

속임수로 시작하고
속임수로 끝난 왕망

　왕망은 속임수로 한나라를 빼앗아 신 왕조를 세웠지만 백성들에게 호감 가는 정책을 펴지 못했다. 유가 경전에 의거한 개혁을 표방했지만 기껏해야 관직명을 바꾸거나 이웃나라의 이름을 비하하는 정도여서 실생활에는 아무런 도움이 되지 않았다.

　결국 사방에서 도적과 반란 세력이 일어나니 실제로 이를 막을 방법이 없었다. 왕망이 생각해 낸 것은 또 속임수였다. 달력을 관장하는 태사에게 3만 6천 년을 추산해서 달력을 만들고, 6년에 한 번씩 연호를 바꾸어 천하에 널리 알리라고 지시한 뒤, "나는 황제처럼 신선이 되어 하늘로 승천할 것이다."라고 말하면서 백성과 도적을 속이려 했지만 비웃음만 샀을 뿐이다.

　왕망이 순번이나 지위에 구애 없이 북방의 흉노를 공격하는 데 쓸 특이한 기술자들을 모집하자, 1만 명이 넘는 지원자가 모여들었다. 그 중에는 배 없이 물을 건너겠다는 사람도 있었고, 말의 머리와 꼬리를 이어 100만 명의 군사를 호송할 수 있는 기술을 가졌다고 큰소리치는 사람도 있었으며, 양식이 없어도 약물만으로 배가 고프지 않게 할 수 있다고 주장하는 사람도 있었다.

그 중 어떤 이가 하루에 1천 리를 날아가서 흉노를 정탐할 수 있다고 했다. 왕망이 그 기술을 보고 싶어 하자 그 사람은 큰 새의 깃털로 만든 날개 두 개를 머리와 몸에 붙이고 고리와 끈으로 조종하며 수백 걸음을 날아가다가 떨어졌다.

왕망은 그것이 근본적으로 사용할 수 없는 기술이라는 사실을 알았지만 정치적으로 이용할 가치가 있다고 생각했다. 기술을 부풀려 선전함으로써 자기 군대에 대단한 무기와 기술이 있는 것처럼 속이고 명성을 얻으려 한 것이다.

또한 흉노를 정벌한다는 명목으로 엄우와 왕단을 파견하면서 흉노의 왕을 죽이고 장안에 와 있던 수복당을 흉노의 선우로 삼으라고 지시했다. 본래 지략 있는 장수인 엄우는 이러한 속임수가 아무런 소용도 없다고 판단하고 왕망에게 충언했다.

"흉노는 나중에 처리해도 좋으니 우선 산동 지방의 도적을 걱정하십시오."

그러나 왕망은 크게 화를 내며 엄우를 면직시켜 버렸다.

이렇듯 알맹이는 없고, 겉만 번드르르 한 속임수로 백성과 이웃을 기만하는 정책은 자기 자신마저 속이는 것이었다. 결국 왕망은 비참한 최후를 맞이하고, 중원 지역은 유수에 의해 통일되어 후기 한나라 시대가 열리게 된다.

현실을 외면한 개혁으로 망한 왕망

신나라를 세우고 황제가 된 왕망은 화폐 제도를 고치는 개혁을 단행했다. 한나라에서 사용하던 오수전을 철폐하고, 사전의 주조를 막기 위해 민간이 석탄과 구리를 보유할 수 없게 했으며, 소전과 대전 두 가지 화폐만 사용하도록 했다.

또한 빈부의 격차를 줄인다는 명목 아래 농지와 집의 매매를 금하고, 부자에게는 900무(畝) 토지 이외의 것은 이웃이나 가까운 사람에게 나누어 주라고 명령했다. 얼핏 보면 참으로 대단한 개혁 조치가 아닐 수 없다.

그러나 새로운 제도는 현실에서 뿌리를 내리고 실현될 때라야 참된 개혁이 된다. 왕망의 화폐 개혁은 현실에 기반을 두지 않았으므로 성공할 수 없는 것이었다. 제도를 개혁했지만 전폐가 유통되지 않았으므로 왕망은 새로운 조치를 내렸다.

"화폐 가치가 높은 것은 조금씩 쓸 때 지급할 수 없고, 화폐 가치가 낮은 것은 보내거나 싣는 데 비용이 많이 든다. 그러니 가치의 경중과 크기의 대소에 따라 각각 차이 있게 화폐를 만들라."

이 명령에 따라 대전과 소전 두 종류였던 신나라의 화폐는 금폐·은폐·구폐·패폐·전폐·포폐 등 28종류로 나뉘었다. 백성들은 화폐의 단위가 너무 혼란스러워 쓸 수가 없었다. 왕망은 다시 1전짜리 소전과 50전짜리 대전만 쓰도록 하고, 갖가지 법률로 이를 시행하게 했다.

또한 개인이 몰래 화폐를 주조하는 일이 계속되자 왕망은 동전을 주조한 집이 있으면 그 이웃에 있는 다섯 집의 사람들을 모두 노비가 되게 하는 법을 만들었다. 여행할 때는 통행증에 가지고 다니는 동전을 기록하게 하고 검문도 시행했다.

사람들은 불편하기 짝이 없는 왕망의 화폐 제도를 받아들이지 않고, 이제는 사용이 금지된 한나라 때의 오수전을 계속 사용했다.

또 농지와 집, 노비를 매매하거나 금지된 동전 주조법을 위반하여 벌을 받는 사람은 제후에서 서민에 이르기까지 헤아릴 수가 없었다. 결국 농업과 상업은 황폐해지고 경제는 파탄지경에 이르러 백성들은 저잣거리에서 눈물을 흘릴 수밖에 없었다.

왕망이 개혁한 화폐 제도는 이상적으로 실현되지 않고 오히려 그냥 내버려 둔 것보다 사람들을 더 못살게 굴었다. 국가를 이끌어가는 사람의 비현실적인 생각 하나가 애꿎은 백성들의 피눈물을 흘리게 한 것이다. 이렇게 잘못된 개혁에 의해 신나라는 피폐해질 대로 피폐해지고, 왕망 자신도 몰락하게 된다.

후한시대

자치통감 권039~자치통감 권068
23년~219년(197년간)

後漢時代

후한 경시제~명제 시기

　왕망이 세운 신나라는 각지에서 일어난 군웅의 반란에 시달리다가 망하고 말았는데, 이 내용은 《자치통감》 권39부터 권45에 이르는 일곱 권에 들어 있다. 적미군과 녹림군으로 나뉜 무장 집단들은 '한나라의 부흥'을 반란의 명분으로 내세웠다.

　반란을 일으킨 무장 집단은 명분상 한의 황족인 유현을 황제로 세웠지만 어디까지나 이는 허수아비로 삼고 권력을 장악하려는 속셈에서 나온 결과였다. 이때에 경시라는 연호를 사용했기 때문에 유현은 경시제로 불리며, 그가 재건한 한나라는 그의 이름을 따서 '현한(玄漢)'이라고 부르기도 한다.

　그러나 진정으로 유씨 왕조의 부흥이라는 당시의 명분에 맞는 황제의 등장은 적미에게 꼭두각시가 된 유현이 아니라 유수에 의하여 이룩된다. 광무제 유수는 진정한 한 왕조의 계승자로서 한나라의 부흥을 내걸고 23년부터 75년까지 무려 53년 동안 황위를 지키며 나라의 토대를 다졌다. 광무제의 뒤를 이은 명제 유달은 무력에 의한 지배가 아니라 사상을 통한 지배를 위하여 유교를 국가 경영의 기초를 세우며, 새로운 왕조의 입지를 다졌다.

승부욕에 눈먼 왕읍과
실리를 보는 유수

후한시대 31 (23년~24년)

전한시대를 막 내리게 한 왕망의 신나라도 사방에서 반란이 일어나면서 망국의 길로 내닫고 있었다. 왕망은 반란군을 토벌하기 위해 전국에서 군대를 모집했다. 이때 실제로 모은 인원은 43만 명이었으나 왕망은 이를 백만 대군이라 과장하여 공표하고 왕읍과 왕심 등에게 토벌군을 이끌도록 했다.

군인과 깃발, 군수 물자로 가득 찬 토벌군의 행렬이 1천 리에 이어지자 저항군들은 두려워 떨며 있는 재물이나 나눠 갖고 뿔뿔이 흩어지자고 했다. 그들에게 유수가 말했다.

"우리는 군사와 양식이 적은데, 왕망이 보낸 적들은 많고 강합니다. 그런데 여기서 우리가 서로 흩어진다면 각각 잡혀 죽게 될 것이며, 나눠 가진 재물도 결국 빼앗기게 될 것입니다.

하지만 우리가 단결하여 싸운다면 승리하여 재물도 지키고 공명도 세울 수 있습니다."

저항군의 장수들은 유수의 주장이 불가능하다고 비웃으면서도 왕망이 보낸 왕읍의 군대가 코앞에 닥친지라 하는 수 없이 그에게 지휘를 맡겼다.

왕읍은 반란군의 본거지로 진군하는 도중에 지나치는 모든 성을 정복하고 싶어 했다. 토벌군이 전진하는 도중에 견고한 곤양성 근처에 이르자, 장수들은 왕읍에게 곤양성을 그냥 비켜 지나가 저항군의 본거지를 습격하자고 제안했다. 왕읍은 이 제안을 거절했다.

"백만 명의 군대로 작은 성 하나를 비켜 지나가면 체면이 말이 아니다."

그리고는 곤양성을 몇 십 겹으로 포위하여 공격을 감행했다. 견디지 못한 곤양성 안에서 항복을 청해왔지만, 왕읍은 좀더 공격하여 제대로 된 승리를 거두고 싶어 했다. 그러자 한 장수가 말했다.

"적을 공격할 때는 도망갈 길을 열어 놓아야 하는 법입니다. 한두 명이 도망치기 시작하는 순간 성 안은 공포의 도가니가 되기 때문입니다. 그러면 성은 바로 무너집니다."

하지만 왕읍은 곤양성 사람들을 완전히 다 죽여 버리려고 철통같은 포위망을 사수하고 있었다. 그러는 동안 유수는 곤양성 밖으로 몰래 빠져 나가 저항군을 지휘하게 되었다.

저항군을 쉽게 격파할 수 있을 것이라 생각한 왕읍은 여러 토벌군 부대에 명령을 내렸다.

"내 명령이 있을 때까지는 절대로 움직이지 말라!"

토벌군의 한 부대가 유수의 저항군과 싸웠는데, 이웃하는 다른 토벌군 부대는 자기편이 지는 것을 뻔히 알면서도 허락 없이 움직이지 말라는 왕읍의 명령이 무서워 움직이지 않았다. 결국 토벌군 백만 대군은 유수의 10만 저항군에게 완전히 패하고 말았다. 유수는 왕망의 신나라를 멸망시키고 한나라를 다시 세운 광무황제다.

왕망의 신나라 이전의 한나라를 서한 또는 전한이라 하고 광무제 유수가 건국한 한나라를 동한 또는 후한이라 한다.

040
광무제 유수의 논공행상

후한시대 32 (25년~26년)

왕망의 신나라를 무너뜨린 유수는 한 왕조를 재건하고 황제로 등극했다. 광무제 유수는 왕망 이후에 일어난 반란 세력을 정리하여 나라를 안정시킨 후 논공행상에 들어갔다.

광무제는 우선 군사적 공로가 많은 등우와 오한에게 각각 네 개의 현을 식읍으로 주었다. 이곳에서 나오는 조세를 자손 대대로 받을 수 있는 상이었다. 이에 대하여 박사 정공이 반대 의견을 내었다.

"옛날부터 제후를 책봉할 때 준 식읍은 사방 1백 리를 넘지 않았습니다. 나라의 줄기인 중앙 황실을 튼튼히 하고, 지방에 있는 제후의 세력을 약화시키기 위해서지요. 하오니 이번에 등우와 오한에게 네 개의 현을 식읍으로 준 것은 법도에 맞지 않습니다."

그러자 광무제 유수가 말했다.

"옛날 나라가 망한 것은 무도했기 때문이지, 공신들에게 내린 많은 봉지 때문이라는 말은 못 들었소."

광무제는 정공의 말을 일축하고 국가를 유지하는 기본이 법도를 지키는 것임을 강조했다.

다음으로 상을 내려야 할 사람은 유수의 처남인 음식이었다. 군사적 공로로 보아 마땅히 작위를 올려 주고 식읍도 늘려 주어야 했지만 음식은 머리를 조아리며 극구 상 받기를 사양했다.

"천하가 처음으로 평정되었으니, 공로를 세운 사람은 많습니다. 그런데 제가 상을 받으면 천하 사람들이 모두 쳐다보고 합당한지 아니한지를 한 번씩 계산해 보게 됩니다."

광무제는 음식의 말에 따라 더 이상 처남에게는 상을 내리지 않았다. 황제와 가까운 사람일수록 모든 사람의 주목을 받게 되고, 조그만 잘못이라도 온 천하에 드러나게 되는 것이기에 미리 막은 것이다.

광무제는 공을 세운 다른 장수들에게 원하는 것을 말하게 한 다음 모두 다 들어 주었다. 그 중에서 정침은 홀로 겸손하게 자기의 고향인 시골로 책봉해 달라고 요청했으므로 이를 들어 주었다.

나머지 일에 대하여 광무제는 낭중 풍근에게 일임했다. 풍근은 공신들의 공로를 헤아리고, 봉지를 처리함에 있어 하나하나 헤아리며 넘치지도 않고, 모자라지도 않게 하니 마음으로 복종하지 않는 사람이 없었다.

광무제는 풍근의 능력을 인정하여 상서랑을 제수하고 행정

부서인 상서의 모든 일을 총괄하게 했다. 원래 상서랑은 상서성에서 오래 일한 공신에게 주는 것이 관례였으나, 유수는 후한을 세우는 데 공로를 세우지 않은 효렴과 출신의 풍근을 기용한 것이다.

광무제는 후한을 건국하는 데 공로를 세운 사람들의 작위는 높여 주었지만 관직을 높여 준 일은 별로 없었다. 전투에서 공을 세우면 그에 합당한 작위를 주면 될 일이지, 권력을 다루는 관직까지 줄 수는 없다고 판단한 때문이었다. 이는 군공(軍功)을 세운 당사자를 살리는 길이며 국가를 안정시키는 길이었으니, 이러한 정책 덕분에 후한의 공신 가운데 비명횡사한 사람은 없었다.

주인을 죽이고 불의후가 된
노예 자밀

후한시대 33 (27년~29년)

후한 초기 어양에 근거를 두고 연왕을 자처하던 팽총은 광무제 유수에게 항복하지 않은 군사 세력이었다. 그는 자신의 미래에 대한 뚜렷한 방향을 세우지 못하고 그저 불안해 하고 있는 상황이었는데, 처가 자주 악몽을 꾸고 점쟁이는 안에서 병란이 발생할 것이라 예고하여 더욱 심한 불안에 빠졌다.

팽총은 병란을 일으킬 만한 사람을 성 안에 두지 않으려고 고심했다. 그래서 한나라에 인질로 갔다가 돌아온 자후란경도 병사를 거느리고 밖에 나가 있게 하였다. 이렇게 사람을 믿지 못했기 때문에 성 안 중앙에는 그와 친한 사람이 한 사람도 없었고 다만 노예인 자밀 등 세 사람만 남게 되었다.

자밀을 비롯한 세 사람은 팽총이 누워 있는 틈을 노려 그를 침상에 묶어 놓고, 밖에 있는 관리들에게 거짓으로 말했다.

"대왕께서 몸과 마음을 닦고 부정을 멀리하시니, 관리들은 모두 쉬고 계시라 합니다."

또한 팽총의 명령을 빙자하여 다른 노비들도 다 잡아서 묶어 한 곳에 가두었다. 그리고는 팽총의 처를 불러내어 머리를 잡고 뺨을 때렸다.

팽총은 처에게 그들을 장군이라 부르며 보물을 내어주라고 했다. 자밀과 다른 한 명이 팽총의 처를 데리고 가 보물을 챙기는 동안 제일 어린 노예가 팽총을 지키게 되자 팽총이 그를 구슬렸다.

"너는 어린아이지만 내가 평소에 너를 아꼈다는 걸 알고 있을 것이다. 자밀이 너를 협박하여 이리하는 것을 알고 있으니, 지금 나의 포박을 풀어 준다면 내 딸 팽주를 너의 아내로 삼게 하고 보물을 전부 줄 것이다."

하지만 어린 노예는 자밀이 두려워 팽총을 풀어 주지 못했다.

보물을 챙긴 자밀 일행은 말 여섯 필과 비단자루 두 개를 준비한 후 팽총의 결박을 풀어주고 성문을 지키는 성문장군에게 보내는 편지를 쓰게 했다.

"지금 자밀 등을 파견하여 자후란경이 있는 곳으로 가게 하니 이들을 잡아 두지 말라."

팽총이 편지를 다 쓰자 그들은 팽총 부부의 목을 베어 비단 자루에 넣고, 유유히 성문을 빠져나갔다.

다음날 아침 팽총이 있는 건물의 문이 열리지 않자 관속들은 담장을 넘어 들어가 팽총 부부의 시체를 발견했다. 그들은 팽총의 아들인 팽오를 연왕으로 세웠지만, 국사 한리가 팽오의 목을 베어 채준에게 가서 항복했다. 이후 팽총 일가는 멸문을 당했다.

광무제 유수는 한나라의 골칫거리를 해결한 공을 인정하여 자밀에게 '불의후(不義侯)'라는 작위를 주었다. 한나라에 복종하지 않는 팽총을 죽인 자밀의 공은 인정했지만, 다른 한편으로는 자신의 왕을 죽인 노예를 비난하는 이율배반적 의미의 작위였던 셈이다.

042
광무제와 그의 처남들

광무제 유수에게는 조강지처 음 귀인이 있었는데 건무 9년에 음 귀인의 어머니인 등씨와 남동생 음흔이 도적에게 죽임을 당하고 말았다. 장모와 처남을 잃은 광무제는 가슴 아파 하며 처가 식구들을 위로하기 위해 음 귀인의 또 다른 동생인 음취에게 선은후의 작위를 내리고, 음취의 형인 음홍에게도 작위를 내리고자 했다.

광무제가 인수(印綬)를 내리자 음홍은 이를 굳게 사양하며 말했다. 인수란 작위를 가진 사람이 차고 다니는 도장을 묶은 끈을 말한다.

"신은 아직 적의 진지를 함락시키는 공을 세우지 못했습니다. 그런데 한 집안에서 여러 명이 나란히 작위와 봉토를 받으면 천하 사람들의 주목을 받는 일이 되오니, 이는 진실로 신이 원하는 바가 아닙니다."

즉 자기가 작위를 받으면 세상 사람들이 매부의 덕을 보았다고 손가락질할 것인데, 이는 자기뿐만 아니라 그것을 내려 준 광무제에게도 득이 되지 않는 일이라고 말하고 있는 것이다. 광무제는 음흥의 옳은 생각을 빼앗지 않으려고 그에게 작위를 주지 않았다.

음 귀인이 그렇게 한 이유를 물으니 음흥이 대답했다.

"무릇 외척 집안이 고생하는 것은 겸손하지 않고 물러날 줄 모르기 때문입니다. 딸은 제후왕에게 배필로 보내려 하고, 공주를 며느리로 맞아들이려 하는 것은 어리석은 내 마음으로는 실로 불안한 일일 뿐입니다. 부귀란 끝이 있는 것이니 사람이 만족할 줄 알아야 하고, 지나치게 사치한 것은 보고 듣는 데서 꺼리는 바가 됩니다."

음 귀인은 그 말에 감동하여 스스로를 낮추고 종친을 위해 자리를 요구하지 않았다. 친정 오빠의 군자다운 행실이 황제의 귀인을 바른 사람으로 만든 것이다. 덕분에 음 귀인의 소생은 황태자가 되었고, 음흥은 궁궐을 지키는 책임자 위위가 되었다.

음흥은 현명한 사람을 예의로 대했고 남에게 베풀기를 좋아했지만, 자신의 문하에는 협객을 두지 않았다. 그는 사이가 좋지 않은 고향 사람 장종과 선우포의 재주와 장점을 칭찬하며 황제에게 소개했지만 자신의 친구인 장사와 두금은 친하게 지내면서도 그들을 황제에게 소개하지는 않았다. 겉으로는 화려했지만 실속이 적은 그들에게 음흥은 개인적인 재물로 도와주었을 뿐, 황제와 연결시키지는 않았던 것이다. 세상 사람들은 그의 충성스러움을 칭찬했다.

음 귀인의 또 다른 형제인 음식은 집금오라는 직책을 맡았는데, 성품이 후덕하고 충직하여 조정에서 토론할 때는 올바른 말을 했지만, 집으로 찾아온 빈객들과는 나라의 일에 대하여 한마디도 하지 않았다. 광무제는 이러한 처남들을 존중했다.

20여 년 후인 건무 28년, 광무제는 처남인 음식에게 태자의 스승을 맡기고 싶어 했다. 이를 눈치 챈 여러 신하들이 음식을 추천했지만 박사 장일은 이에 반대했다.

"폐하께서 태자를 세우신 것이 음씨를 위해서입니까? 아니면 천하를 위해서입니까? 음씨를 위한 것이라면 원록후 음식이 좋습니다. 하지만 천하를 위한 것이라면 마땅히 진실로 현명한 인재를 채용하여야 할 것입니다."

광무제는 이 말을 받아 다른 사람으로 태자의 스승을 삼았다.

043
망하는 길을 간 공손술과
성공의 길을 간 유수

후한시대 35 (36년~46년)

서기 30년은 광무제가 후한을 세운 지 6년 밖에 안 되는 시점이었다. 이때까지만 해도 촉 지방에 공손술이라는 큰 세력이 아직 남아 있었기 때문에 광무제가 한 제국을 선포했다고 해서 중원의 모든 지역이 한나라가 되는 것은 아니었다.

공손술은 그 당시 유행하던 《참위서(讖緯書)》에 나와 있는 '당도고(當塗高)'를 풀어 그것이 자기 이름을 가리킨다 생각하고, 자기 손바닥에 공손제(公孫帝)라는 글자를 새기고 천명이 자기에게 있다고 주장했다. 공손술은 스스로 천명을 받았으니 가만히 있어도 황제의 자리가 자기에게 올 것으로 생각했다.

기도위 형한은 공손술에게 호걸들을 초청하고 강남 지역을 먼저 공략할 것 등을 건의했다. 그러나 공손술은 이런 말을 제대로 듣지 않거나, 주위 사람들의 작은 반대만 있어도 실행에 옮기지 못했다.

또한 공손술은 동전을 폐지하고 철전을 통용시키려 했는데, 돈이 돌지 않으니 백성들이 고통스러워했다. 그뿐만 아니라 스스로 황제를 자칭하면서도 시시콜콜한 문제까지 다 간섭하니 사람들은 공손술을 두고 황제를 칭하면서도 현령처럼 일한다고 비웃었다.

젊었을 때 낭관을 지낸 공손술은 스스로 황제를 자칭한 뒤에도 직접 실무에 관한 일을 주도하여 황제가 거동할 때 타는 수레와 깃발 등을 직접 만들어 사용했다. 유수와 대결하는 과정에서 힘을 비축하고 정책을 개발하기에 앞서 겉치장에만 열을 올린 것이다.

공손술이 두 아들에게 왕의 작위를 내리고 식읍을 하사하자 어떤 이가 간언했다.

"지금 우리는 일의 성패를 알 수 없는 처지이며, 무사들은 전장에서 이슬을 맞고 있습니다. 그런데 먼저 아들을 왕으로 삼아 아끼시니 이는 곧 큰 뜻이 없음을 보이는 일입니다."

즉 대의에 매진하여 스스로 희생하라는 말이었으나 공손술은 듣지 않았다.

한편 유수는 반란을 진압하며 통일을 이루는 과정에서도 백성들에게 불편한 것을 찾아 하나씩 개선해 나가고 있었다.

"무릇 관청을 벌여 놓고 관리를 두는 것은 백성을 위하려는 것이다. 지금 백성들은 어려움을 만나 호구가 줄었는데 관청에는 번거로울 정도로 관리가 너무 많다. 사예와 주목은 실제 상황을 보아 관리의 숫자를 줄이고 현이든 봉국이든 장리를 두기에 부족한 곳은 합병하라."

유수의 조치로 400여 개의 현이 합병되어 줄고 관리의 수도 십분의 일로 줄었다. 관리를 줄이면 세금을 덜 걷어도 되는 것이니, 백성을 위하는 유수의 정책은 자기만 위하는 공손술의 정책과는 정반대였다.

상황이 어려워지자 주위 사람들이 공손술에게 항복을 권했다. 공손술은 이 말도 듣지 않았다.

"흥망은 천명이다. 어찌 항복하는 천자가 있다는 말이냐?"

결국 공손술은 유수의 장수인 오한에게 죽었다.

044
명제가 스승을 모시는 법

후한을 세운 광무제가 죽자 그의 아들 명제가 등극했다. 명제
는 즉위한 지 2년 되던 해 3월에 국립대학에 해당하는 벽옹에
나아가 대사례를 거행했다. 대사례란 군왕이 제사를 지내기 전
활쏘기 시합을 통해 인재를 선발하고 그를 제사에 참여하게 하
는 것을 말한다.

그해 10월에는 명제가 벽옹에 행차하여 양로예를 치렀다. 명
제는 이궁을 삼로로 삼고 환영을 오경으로 삼았는데, 삼로와 오
경은 국가의 원로에 해당하는 관직으로 군왕이 부형처럼 예를
갖추는 국가의 어른에 해당하는 사람이다.

승여를 타고 양로예를 치르는 전각에 도착한 명제는 사자를
파견했다. 사자가 삼로와 오경을 안거로 모셔 태학의 강당에 도
착하자 명제는 문 앞에서 이들을 영접하고 서로 예를 교환했다.
명제가 동쪽 계단에서 인도하니 그들은 손님이 오르는 서쪽 계
단으로 올라갔다. 그들이 계단을 다 오르기를 기다렸다가 명제
는 예법대로 두 손을 앞으로 모으고 허리를 굽혀 읍했다.

계단을 다 오른 삼로가 동쪽을 향해 서면 3공이 의자를 놓고 9경은 신발을 바르게 놓았다. 명제는 친히 소매를 걷은 뒤 제사 지낸 고기를 자르고 간장을 집어 이들에게 드리고, 잔을 들어 술로 입가심하기를 권한 후, 생선뼈가 목에 걸리지 않고 밥이 목에 메이지 않기를 축수했다. 남쪽을 향해 앉은 오경에게는 삼공이 음식을 올렸는데, 그 예는 삼로의 경우와 같았다.

이러한 예가 끝나면 명제는 환영과 그의 제자를 이끌어 강당에 오르게 한 후 직접 강연했는데, 유자들은 그 앞에서 경전을 들고 어려운 부분을 물었다.

명제는 태자 시절 환영에게 《상서》를 배웠는데, 황제의 자리에 오른 후에도 여전히 환영을 스승의 예로 손경했다. 환영이 병으로 아플 때 명제는 번번이 사자를 보내 문안드리게 했는데, 하도 많은 사자를 보냈으므로 태관과 태의가 길에서 마주칠 정도였다.

환영이 위독해지자 명제는 직접 그의 집에 행차했다. 명제는 환영의 집에 들어서는 골목에 이르자 경서를 가지고 수레에서 내려 직접 걸어 들어갔다. 그리고는 환영을 위무하며 눈물을 흘렸고 책상, 휘장, 칼, 의복을 하사하고 오래 머무르다가 떠났다. 이후로는 환영의 병문안을 오는 제후와 장군, 대부들이 수레를 타고 문 앞까지 오는 일이 없었다.

환영이 죽은 후 명제는 친히 상복을 입고 장례식에 참석하여 영구를 보내고, 수산의 남쪽에 무덤을 쓰게 했다. 이것이 후한의 명제가 스승을 모신 일련의 정경이다.

후한은 본래 특별히 강력한 왕권을 구축하지 못한 왕조였다. 하지만 강력한 왕권을 수립했던 전한과 비교해도 모자라지 않을 만큼 200년 가까이 왕조의 수명을 이어갔다. 황제가 스스로 모범을 보여 스승을 성심껏 모셨던 예의 모습이 그 사회를 지탱해준 힘이라고 할 수 있을 것이다.

북흉노의 속내를 꿰뚫어본 정중

후한시대 37 (61년~75년)

후한 역시 다른 왕조 때와 마찬가지로 끊임없이 북방 민족에게 시달려야 했다. 그 중에서 특히 흉노족에 대한 부담이 컸다. 당시에는 흉노족도 남북으로 갈리어 남흉노는 후한과 우호 관계를 유지했지만 남흉노에 비해 좀더 멀리 떨어진 북흉노에 대해서는 대체적으로 적대적인 경우가 많았다.

북흉노에서는 후한에 사신을 파견하고 자기 나라의 특산물도 바쳤지만, 변방을 침략하고 노략질하는 것은 여전했다. 그래서 변방 지역에서는 낮에도 성문을 닫아걸어야만 했다.

이런 상황에서 한나라 조정에서는 북흉노의 사자를 어찌 대할 것인지를 두고 토론이 벌어졌다. 북흉노에 여러 번 다녀온 적이 있는 정중은 황제에게 상소문을 올렸다. 북흉노에 대한 전문가라고 할 수 있는 정중은 북흉노의 선우가 후한에 사자를 보낸 속내를 다음과 같이 분석했다.

우선 이는 후한과 남선우의 우호관계를 이간시키려는 계획일 것이다. 북선우와 경쟁 관계에 있는 남선우가 한나라와 우호 관계를 맺고 있는 이상 국제 관계에서 북선우는 불리할 수밖에 없는 상황이었다. 그러므로 한나라에 사신을 보내어 우호 관계를 맺음으로써 남선우와 한나라의 관계를 소원하게 만들고, 이로써 힘이 약해진 남흉노를 공격하기 좋은 환경을 만들겠다는 의도라는 것이다.

정중은 이러한 북선우의 정책은 주변에 있는 작은 나라들로 하여금 한나라도 별 것이 없다는 생각을 갖게 함으로써 북선우가 그들을 회유하고 포용하는 정책으로 이어질 수 있다고 지적했다. 따라서 북선우에게 회답하는 사신을 보낼 필요가 없다고 주장했다.

그러나 명제는 이 말을 들으려 하지 않고 오히려 정중에게 후한의 사자가 되어 북선우에게 갈 것을 명령했다. 정중은 과거에 북흉노에 사절로 갔던 일을 말하며 자신이 이번에도 사신으로 가게 되면 북선우 앞에서 기가 꺾이게 될 것이며, 이는 위대한 한나라에 누를 끼치는 일이 될 것이라 주장했다.

명제는 정중의 말을 듣지 않고 사신 행렬을 출발시켰다. 정중은 황제의 명령을 거역할 수 없어 북흉노로 떠나기는 했지만 가는 도중에도 계속해서 이 문제를 두고 황제와 논쟁했다. 화가 난 명제는 정중을 심히 나무라고, 사람을 보내어 그를 잡아다가 정위에게 보내 가두고 재판을 받게 했다. 하지만 정중을 사면하여 벌은 주지 않고 관직을 거두어 집으로 돌아가 쉬게 했다.

한참 뒤 명제는 예전에 정중이 북흉노에 사신으로 갔을 때 한나라의 국위를 선양하기 위해 북선우와 예의 문제를 가지고 다투었다는 일에 대해 듣게 되었다. 정중이 국익을 위해 자기 몸을 돌보지 않았다는 사실을 알게 된 것이다. 명제는 정중을 다시 불러 군사 작전을 총괄하는 군사마로 임명했다.

後漢時代

후한 장제~상제 시기

《자치통감》권46부터 권49까지의 네 권에는 후한의 3대 황제 장제, 4대 황제 상제 그리고 그 뒤를 이은 안제가 등극하고 2년간을 중심으로 한 역사적 사실이 기록되어 있다. 장제가 아버지인 명제 유장의 뒤를 이은 지 반 년이 지난 시점인 76년부터 115년까지 40년 동안의 역사를 말하고 있는 것이다.

명제는 유교를 국가 통치의 근본으로 삼으며 나라의 기반을 다지려 했지만, 그 뒤를 이은 황제들의 수명이 짧았던 데다가 나이 어린 사람이 황제로 옹립되는 악순환이 계속되면서 한나라는 점점 더 역사의 수렁 속으로 빠져들고 있었다.

명제가 48세로 유명을 달리한 후 그의 아들 유달이 18세의 나이로 황위에 올랐다. 장제 유달은 13년 동안 재위한 후 31세에 죽었으며, 그 뒤를 이은 화제는 10세에 즉위하여 17년 동안 재위하다가 27세에 죽었다. 화제의 뒤를 이어 황위에 오른 사람은 태어난 지 겨우 100일 된 상제 유륭이었는데, 그마저도 8개월 만에 죽고 그 뒤를 안제가 잇고 있다.

이와 같은 상황 속에서 권력을 거머쥔 사람은 태후였다. 장제 유달의 아내였던 두 황후와 화제 유조의 아내인 등 황후가 후계자를 정하는 권한을 거머쥔 채 어린 사람을 황제로 올리고 권력을 휘둘렀다. 따라서 이 시기는 태후와 외척에 의하여 정치가 휘둘린 시대라고 할 수 있다.

서역으로 통하는 길을 뚫은 반초

후한대의 반초는 서역 개척에 뛰어난 업적을 세운 인물이다. 중국의 서쪽에는 중앙아시아, 서부아시아, 인도, 유럽 등 많은 나라들이 있었는데 그 사이에 높은 산과 황량한 사막이 있어 사람과 물자의 왕래가 자유롭지 못했다. 반초는 이곳의 길을 개척하여 중국과 서역의 물자 교류를 가능하게 함으로써 경제와 문화를 발전시키는 데 크게 기여했다.

무역은 일반적으로 물건을 사고파는 매매를 이르는 말이지만, 당시의 관념에서 통용되던 조공은 무역의 성격을 띠고 있으면서도 현재적 의미의 무역과는 조금 다른 성격을 갖는다. 조공은 종속국이 종주국에 때를 맞추어 예물을 바치고, 이러한 조공에 대하여 종주국이 하사품을 내리는 독특한 형태의 무역이라고 할 수 있다.

반초는 서방의 물자들을 들여올 수 있는 길을 확보하기 위해 서역을 끝까지 평정하고자 하는 상소문을 올렸다. 말은 평정이지만 실제로는 무역을 거부하는 나라에 대한 영향력 행사를 목표로 하는 것이었다.

"먼저 돌아가신 황제께서는 서역을 개척하고자 북쪽으로 흉노를 치고, 서쪽에 있는 외국으로 사신을 보내셨습니다. 그리하여 선선국, 우전국이 즉시 귀화했는데 이제 남아 있던 구미국, 사차국, 월지국, 오손국, 강거국도 한나라에 귀부하기를 원하니 이들과 함께 힘을 합쳐 구자국을 파멸시키고 한나라로 통하는 길을 평탄하게 하고자 하옵니다."

여기서 반초가 지적한 나라들을 지도에서 찾아보면 모두 실크로드에 위치하는 것을 알 수 있다. 반초는 많은 군사력을 동원해서라도 서방과 교역할 수 있는 이 길을 확보하고자 노력한 것이다.

"만약 구자국을 얻게 된다면 서역에서 우리에게 복종하지 않는 나라는 백분의 일에 불과합니다. 전 시대에 논의하는 자들이 말하기를 36개의 나라를 빼앗는 것은 흉노의 오른쪽 어깨를 끊어버리는 것이라 했습니다.

지금 서역에 있는 나라들 중 해가 떨어지는 곳에 있는 나라에서부터 우리 한나라를 향해 귀화하지 않는 나라가 없고, 큰 나라나 작은 나라나 모두 기뻐하며 끊임없이 공물을 보내오고 있는데 오직 연기국과 구자국만 아직 복종하지 않고 있습니다."

반초는 서역과의 무역로를 개척함에 있어 한나라와 통교하지 않고 있는 연기국과 구자국을 평정하여 길을 뚫어야 한다는 이야기를 하고 있다. 아무리 길고 잘 닦인 좋은 길이라 하더라도 한 군데라도 막힌 곳이 있으면 무용지물이 되는 수가 있으니 동서 무역로에서 방해가 되는 두 나라에 대한 해결책을 세워야 한다는 것이다.

"우리가 총령으로 길을 통하게 하면 구자국도 정벌할 수 있습니다. 그러니 지금 한나라에 와 있는 구자왕의 아들 백패를 구자국 왕으로 삼고 보병과 기병 수백 명으로 그를 호송하면서 여러 나라와 군사를 연합한다면 몇 달 사이에 구자왕을 사로잡을 수 있을 것입니다. 오랑캐로 오랑캐를 공격하는 것은 계책 가운데 훌륭한 것입니다."

결국 반초는 구자국과 연기국을 정벌함으로써 중국과 서역의 문화와 문물을 교류시키는 주역이 되었다. 근대에 서양 세력이 군사력을 앞세워 동양 각국에 개항을 요구한 것과 유사한 행동이었다.

047
치졸한 권력자 두헌과
강직한 충신 정홍

후한시대 39 (85년~91년)

후한의 3대 황제인 장제 때 두 황후의 오라버니이자 황제의 처남인 두헌은 시중의 자리에 있으면서 권력을 휘두르고 있었다. 태위 정홍은 외척인 두헌의 권세가 너무 강하다고 생각하고 이에 대해 자주 간하니, 두헌은 그를 고깝게 여겼다.

마침 정홍이 두헌과 한패거리인 상서 장림과 낙양현령 양광이 재물을 탐하고 잔혹하다는 상주문을 올렸다. 상주문이 올라가자 본래 양광과 잘 알던 관리가 이 사실을 양광에게 알렸고, 양광은 다시 이 일을 두헌에게 보고했다.

두헌은 정홍이 국가의 기밀을 누설했다고 모함했다. 정홍은 스스로 감옥에 들어가겠다고 했지만 장제의 도움으로 풀려나게 되었다. 정홍이 사표를 냈으나 장제는 허락하지 않았다. 정홍은 몸이 아프다는 이유로 사표를 내면서 사죄하고 장제에게 편지를 올렸다.

"두헌의 간악함이 천지를 관통하고, 모든 사람이 의혹을 갖고 있으니 똑똑한 사람이건 어리석은 사람이건 그를 몹시 싫어하여 '두헌이 무슨 술책으로 주상을 미혹하는가. 최근에 일어난 왕씨들의 환란 같은 것이 분명히 보일 텐데.'라고 말합니다.

폐하께서는 천자라는 높은 지위에 계시면서 만세까지 이어갈 왕조를 보호해야 하는데, 아첨하는 신하의 말을 들으며 존망의 기틀을 헤아리지 않고 계십니다.

신은 비록 목숨이 경각에 달려 있으나 죽더라도 충성심을 잊을 수 없으니 바라건대 폐하께서 사흉 같은 죄를 지은 자의 목을 베시고 사람과 귀신이 맺은 분통을 갚으려는 희망을 만족시켜 주십시오."

정홍은 전한 말기 왕망 같은 외척들이 한 왕조를 혼란스럽게 했던 전례를 들어가면서 모든 사람들이 외척인 두헌이 국가를 혼란하게 만들고 말 것이라고 걱정하고 있음을 장제에게 알리고 있다. 또한 두헌을 사흉이라 불린 요 임금 시대의 간악한 네 관원 환두, 공공, 사공, 삼묘와 같다고 비유하며 두헌을 죽여야 한다고 주장하고 있다.

이 편지를 읽은 장제는 정홍에게 의원을 보내 병을 살피게 했지만, 의원이 도착했을 즈음 정홍은 이미 죽어 있었다.

정홍은 관직에 있을 때 강력한 추진력으로 혁혁한 공적을 이룬 사람이었다. 그가 대사농으로 있을 때, 지금의 베트남인 교지에서 바닷길을 이용하여 공물을 싣고 오는 배가 풍랑을 만나 침몰하는 일이 자주 있었다. 대사농은 재정을 담당하는 책임자이므로 정홍은 영릉에서 계양까지 막혀 있는 산에 길을 뚫어 공물이 제대로 운반되게 함으로써 이 문제를 해결하였다.

그뿐만 아니라 각종 업무를 추진하며 정홍이 절약한 돈은 셀 수도 없을 만큼 많았다. 이렇게 마련된 재정 덕분에 전쟁의 경보가 있어도 걱정이 없었고, 가뭄이 들어도 걱정이 없었으며, 백성들에게 부과하는 요역도 줄일 수 있었다. 그런 그가 외척으로서 권력을 휘두르던 두헌에게 모함을 받아 죽게 된 것이다.

048

진정한 승리자의
의연함을 권고한 장포

장제 유달이 31세로 죽으니 그 뒤를 이어 10세의 화제 유조가 등극했다. 장제의 황후였던 두씨는 아들이 없어 귀인이 낳은 유조를 자기 아들로 삼아 길렀다. 화제 유조가 등극함에 따라 태후가 된 두씨는 자연스럽게 조정에 임석하여 직접 정치를 챙겼고, 외척인 두씨들은 모든 권력을 독점하고자 혈안이 되었다. 두태후의 오빠인 두헌과 두 태후의 남동생인 두독, 두경, 두괴 등이 그 대표적인 인물이었다.

그런데 한 왕조에는 아무런 공로가 없는 자에게는 높은 관작을 주지 않는다는 전통이 있었다. 두 태후는 북방 정벌 계획을 세우고, 두헌을 대장으로 임명했다. 사방에서 이 전쟁을 반대하는 상소문이 빗발쳤지만, 두 태후와 두헌은 아랑곳하지 않았다. 이렇게 전쟁을 치른 후 승리를 명분으로 두씨에게 관작을 내리니, 이제 두씨들은 높은 벼슬자리를 갖고 조정을 채우게 되었다.

두 태후의 측근들이 자신을 독살하려 한다고 느낀 화제는 위기감 속에서 세월을 보내야 했다. 하지만 황실과 조정의 거의 모든 사람들이 권력자인 두 태후와 두헌에게 붙어 있어서 어찌해 볼 도리가 없었다. 오직 황실의 정원을 관리하는 정중만이 화제를 가까이 할 수 있었는데, 이것은 그가 권력이 벗어난 자리에 있는 덕분이었다.

화제는 정중과 도모하여 두헌의 목을 베려는 계획을 세워 보았지만 참기로 했다. 일이 잘못되어 오히려 두헌으로 하여금 난을 일으킬 기회를 주게 될까봐 염려한 것이다.

화제는 비밀리에 《전한서》에 실린 〈외척전〉을 보고 싶어 했다. 전한시대에 왕씨 같은 외척들이 어떻게 황제의 권력을 농단하였는지 알고 싶었고, 문제가 권력자인 박소를 죽인 일과 무제가 두영을 죽인 사건의 전말도 알고 싶었다. 역사 속에서 현재의 난관을 극복할 방법을 찾으려 한 것이다.

황제의 종친인 천승왕 유항이 〈외척전〉을 찾아오고, 정중이 전한시대 고사를 찾아오자 화제는 이를 바탕으로 외척을 내칠 방법을 모색했다.

화제는 북궁으로 행차하며 집금오와 수도 방위를 책임진 다섯 교위에게 조서를 내려 남궁과 북궁에 주둔하게 했다. 그리고는 성문을 닫고 두씨에게 붙어 있던 곽황, 곽거, 등첩, 등뢰를 잡아 가두었다가 죽였다. 또한 알자복야를 두헌에게 파견하여 대장군의 인수를 회수하고 그 형제인 두독, 두경, 두괴와 함께 집으로 돌아가 있도록 했다. 두 태후의 체면을 감안하여 이들을 당장 죽이지는 않았지만 엄격하고 능력 있는 재상을 선발하여 이들을 감독하고 살피게 한 것이다.

화제가 이와 같은 아량을 베풀게 된 데에는 하남윤 장포의 영향이 있었다. 대부분의 사람들이 두씨를 모두 죽여야 한다거나 그들의 죄를 들춰내기에 여념이 없었지만 장포만은 다른 태도를 보인 것이다.

원래 장포는 두씨가 한창 세력을 부릴 때 그들에게 붙기는커녕 죄를 지은 두경을 법으로 얽어매어 혹독하게 다스렸던 사람이다. 그런데 두씨가 실패하자 오히려 장포는 두씨를 살려 두라는 상소문을 올렸다.

"왕도 정치에서는 세 번 정도는 용서합니다. 하오니 지나치게 후하게 처리했다는 말을 들을지언정 지나치게 박하게 처리하지는 않아야 합니다."

장포의 간곡한 권고에 따라 화제는 두씨의 목숨을 보전해 주었다.

049
24세 황태후의 황제 세우기

후한시대 41 (106년~115년)

후한 4대 황제인 화제 유조는 10세 때 황제가 되었다. 황제가 어리니 국가의 권력은 모후인 두 태후와 그 집안에서 장악했다. 이들의 전횡이 도를 넘어서자 화제는 환관 정중과 모의하여 두 씨를 일망타진했으니 이것은 후에 환관의 역할을 크게 부각시키는 계기가 되었다.

화제의 첫 황후는 음씨였는데 투기가 심해 폐위당했다. 음 황후에 이어 두 번째로 화제의 황후가 된 사람이 등 황후인데, 그녀는 황후가 된 지 3년 만에 화제와 사별해야 했다. 이때 화제의 나이는 27세였고, 등 황후의 나이는 24세였다.

이제 화제의 뒤를 이을 사람을 결정해야 했는데, 화제에게는 유승과 유륭 두 아들이 있었다. 하지만 둘 다 어렸으므로 그 중 누구를 황위에 올릴 것인가 하는 문제가 대두되었다. 여기에 대한 권한은 전적으로 화제의 황후이자 이제는 태후가 될 등수에게 달려 있었다.

등수는 큰 아들 유승에게 불치병이 있다는 이유를 들어 이제 겨우 100일 된 유륭을 후계자로 삼아 황위에 올렸다. 이로써 등수는 24세로 태후가 되었고, 유륭은 100일 만에 황제가 되었다. 그나마도 상제 유륭은 황제로 등극한 지 8개월 만에 죽었으니, 등 태후는 다시 상제의 후임 황제를 세워야만 했다.

상제 유륭을 황제로 세웠던 등 태후는 그가 너무 어렸기 때문에 태위 장부를 태부로 삼고 사도 서방을 태위로 삼아 어린 황제를 돌보게 했다. 또한 황제가 아직 강보에 싸인 아기라는 이유를 들어 이들을 궁중에 거주하도록 명했다. 장우는 궁중에 거주하면서 닷새에 한 번씩 사저로 돌아갈 수 있게 되었다.

이처럼 어린 황제를 위해 신경을 곤두세운 상태에서도 등 태후는 화제의 동생들을 눈여겨 살펴보았다. 그 중에서도 특히 청하왕 유경에게 특별한 관심과 예의를 베풀었는데, 이때 유경의 아들 유호의 나이는 13세였다. 등 태후는 유호 모자를 청하왕 관저에 살게 하면서 만약의 일을 대비했다.

등 태후의 불안한 예감이 적중하여 상제 유륭이 등극한 지 8개월 만에 죽어 버리자, 태후는 숭덕전에 빈소를 설치하고 후사를 결정하는 일에 나섰다. 여기에 참여한 사람은 등 태후와 그녀의 오빠인 거기장군 등즐, 호분중랑장 등괴 등이었다.

차기 황제는 모두가 예상했던 대로 유호가 선택되었다. 유호는 유륭과 사촌지간인 셈이었으므로, 유호는 유륭의 뒤를 잇는 것이 아니라 화제 유조의 뒤를 이어 황제가 되는 것으로 계보가 정리되었다.

등즐은 황제의 푸른 수레와 부절을 지니고 청하왕 아들 유호를 영접했다. 유호가 숭덕전에서 재계를 올리자 백관을 거느린 등 태후가 등장하여 유호에게 장안후의 벼슬을 내렸다. 그의 아버지인 유경은 청하왕의 왕작을 가졌지만 아직 어린 유호 자신은 아무런 작위도 없었기 때문이다.

곧이어 등 태후는 조서를 내려 유호를 효화황제의 후사로 삼았으니 이 사람이 안제다. 안제는 아직 나이가 13세에 불과했으므로 등 태후는 여전히 조회에 임석하여 섭정을 할 수 있었다.

이와 같이 황제의 지명권을 갖는 황태후가 자기 마음대로 어린 사람을 황제로 세우는 것은 태후 자신이 오랫동안 권력을 유지하려는 목적에서 비롯되는 일이었다. 어린 황제의 명으로 내려지는 것은 실제로 권력을 휘두르는 태후의 명이었으니, 이로써 본격적으로 태후 정치가 시작되었다.

後漢時代

후한 안제~환제 시기

116년부터 166년까지 51년 동안의 역사는 《자치통감》 권50부터 권 55까지의 여섯 권에 기록되어 있다. 이때 재위한 황제는 안제, 순제, 충제, 질제, 환제 등 다섯 명의 황제가 있었지만 실제로 권력을 휘두른 것은 황태후와 외척이었고, 그 뒤를 이어 환관들이 권력을 장악하는 시기로 넘어가게 되었다.

이와 같은 역사의 발단은 안제 유호의 황후였던 염씨로부터 비롯되었다. 염 황후는 등 태후의 죽음을 계기로 친정을 시작했던 안제가 4년 만에 32세의 나이로 갑자기 죽자 젊은 나이에 태후가 되어 권력을 쥐게 되었다. 그녀는 황후 시절에 태자 유보를 폐위시킨 전력이 있었기 때문에 안제의 사촌인 유의를 황제로 세웠다. 하지만 유의가 황위에 오른 지 몇 달 만에 죽어 버리자 환관들은 전에 염 황후에게 쫓겨났던 유보를 내세워 쿠데타를 일으켰다. 순제 유보는 자신을 황제로 만든 환관들의 공을 인정하여 19명의 환관을 상시로 삼았다.

순제가 죽은 후 충제가 즉위했지만 일찍 죽었고, 순제의 황후 양씨는 외척들과 모의하여 나이 어린 질제 유찬을 세웠다가 마음에 들지 않는다는 이유로 독살하여 죽였고, 환관들의 꾀를 빌어 양 태후의 제부인 환제 유지를 옹립하였다. 이러한 흐름에 따라 태후와 외척, 환관이 차례로 권력을 휘두르며 정치를 전횡했다.

050
명언을 궤변으로 만든 안제

후한시대 42 (116년~124년)

장제의 손자인 안제는 사촌이었던 상제가 후손을 두지 못하고 일찍 죽는 바람에 황위에 오르게 되었다. 안제는 황제에 오르지 못한 부친 유경을 효덕황으로 올리고, 환관인 중사 백영을 자주 효덕황의 무덤인 감릉으로 보내 효도를 하고자 했다.

그런데 환관 백영은 황제의 아버지 무덤을 돌본다는 명분을 가진 것을 기회로 횡포를 부려 대었다. 보다 못한 상서복야 진충이 안제에게 상소문을 올렸다.

"폐하께서 효덕황의 원묘를 친히 받들 수 없는지라 자주 중사를 감릉에 보내어 공경을 드리는데, 주홍색 수레를 나란히 끄는 말들이 서로 도로에서 마주 볼 정도가 되니 지극한 효성이시옵니다."

효성스러운 안제가 환관을 얼마나 자주 보내는지 먼저 떠난 환관의 뒷모습을 그 다음에 떠난 사람이 볼 수 있을 정도이므로 대단한 효심의 발로라고 칭찬하고 있는 것이다. 진충은 이어서 이 일의 폐해를 지적했다.

"하오나 신이 듣건대 사자가 지나는 곳마다 위세와 권력을 크게 부려서 군과 현을 놀라 떨게 한다고 합니다. 왕과 열후, 이천석 관리가 환관인 백영에게 수레 밑에서 절하고 백성을 징발하여 도로를 수리하며 머물 곳을 수선하니, 그가 움직였다 하면 만 명이 동원되어 징발에 한도가 없습니다. 또한 그들에게 뇌물을 주는데, 백영을 따르는 하인에게조차도 수백 필을 주니 가슴을 치지 않는 사람이 없습니다. 백영의 위세는 폐하보다 무겁고 폐하의 칼자루는 신하가 쥐게 되었음을 유념하소서."

하지만 안제는 진충의 상소문을 살피지도 않았다.

환관인 중상시들이 여러 가지 다른 횡포를 일삼자, 이번에는 양진이 여러 번 간언을 올렸다. 안제는 이번에도 듣지 않았다. 자기들을 비난하는 상소문이 올라와도 황제가 거들떠보지 않는다는 사실을 확인한 환관들은 더 이상 꺼릴 것이 없어졌다. 그리하여 거짓으로 황제의 조서를 만들어 한 마을을 통째로 헐어버리고 자기의 집을 지었다.

양진이 다시 간언했지만 황제는 듣지 않았다. 보다 못한 조등이 편지를 올리니, 안제는 화를 내며 군주에게 불경죄를 지었다는 이유로 사람이 많은 곳에서 조등의 목을 베고 그의 시체를 길거리에 버리는 형벌을 내렸다. 양진은 워낙 유명한 유학자였기 때문에 어쩔 수 없었지만 이름 없는 선비인 조등은 바로 처형해 버린 것이다.

이쯤 되니 환관들은 뒷일을 걱정하기 시작했다. 태자가 등극했을 때 미칠 화가 두려웠던 것이다. 환관들은 태자의 주변 사람들을 제거하기 시작했는데, 태자의 유모인 왕남과 주방을 관리하는 병길을 참소하여 죽이고, 그 가족들을 먼 곳으로 유배보냈다. 또한 태자와 동궁의 관원들을 모함으로 얽어서 참소하고, 태자의 폐위를 논의하게 했다.

이에 태복 내력과 태상 환언, 정위 장호가 안제에게 아뢰었다.

"태자께서 아직 어리시니 잘 가르쳐야 하는 것이지, 폐위하는 것은 온당치 않습니다."

안제는 이들의 의견을 무시하고 태자를 폐위시켰다. 여러 신하들이 들고 일어나 태자에게 과실이 없음을 증명했지만 안제는 중상시를 시켜서 신하들을 위협했다.

"부자가 한 몸이지만 나는 대의를 위해 아버지로서의 은정을 잘라낸 것이다. 지금 소란을 피우는 자들은 충직한 척하지만 훗날 복을 받으려고 하는 것이 아닌가."

안제의 말대로 황제가 되어 아버지께 효도하고 대의를 위해서라면 자식과의 은정을 자르는 것은 참으로 훌륭한 일이다. 태자에게 잘 보이려는 신하들 물리치는 것도 말 그 자체로서는 빈틈없이 훌륭한 일이다. 그러나 안제는 이 모든 것을 보는 눈이 멀었으니 그의 말은 하나도 옳은 것이 없는 궤변이 되어 버렸다.

이름값을 못한 번영

후한시대 43 (125년~133년)

 후한 말은 환관으로 인하여 나라가 어지러운 시대였다. 생각 있는 선비들은 세상에 나가 본들 아무런 소용도 없다고 생각하여 스스로 나서려 하지 않았다.

 젊어서 학문을 연마하고 품행이 뛰어나 세상에 이름이 난 번 영도 호산으로 들어가 은거해 버렸다. 주와 군에서 예를 갖추며 초청해도 나오지 않고, 공과 경이 천거했지만 나오지 않았다. 안 제가 책서를 내려도 나오지 않았으며, 순제가 책서와 현훈을 내리며 불렀지만 아프다는 핑계를 대며 호산에서 나오지 않았다.

 황제는 지방관을 독촉하여 수레와 가마를 내어 번영을 모셔 오게 했다. 그가 아프다는 핑계를 대었으므로 의원을 보내 치료 하게 하고 고기와 술을 내렸으며 오관중랑장이라는 벼슬을 하 사했다. 그럼에도 불구하고 번영이 아프다는 핑계를 대므로, 광 록대부의 벼슬을 주고 집에 가게 했다. 그를 초빙한 일이 아무 런 효과가 없게 되어 버린 것이다.

 애초에 사람들은 번영에게 세상에 나아가 천하를 구할 것을 권했다. 그러나 막상 벼슬을 받고서도 기묘한 계책이나 심오한 책략을 내놓지 않으므로 말하기 좋아하는 사람들은 실망하고 말았다. 이를 보고 장해가 번영에게 말했다.

"천하에는 두 가지 길이 있으니, 나가는 것과 그대로 있는 것입니다. 나는 예전에 그대가 세상으로 나가면 능히 이 군주를 보좌하며 백성들을 구할 수 있다고 생각했습니다. 그러나 그렇지 못했군요. 헛되이 작위와 봉록을 향유했으니, 나가는 것과 물러나는 것에 원칙이 없는 듯합니다."

이 일에 대하여 사마광이 논평했다.

"옛날의 군자는 나라에 도가 있으면 벼슬하고 도가 없으면 은거했지만, 은거는 군자가 하려는 바가 아니다. 제왕이 학문과 덕행이 있으면서도 세상에 나서지 아니하고 묻혀 지내는 사람을 등용할 때 비천한 사람도 발탁하는 것은 진실로 그가 국가를 유익하게 하는 것을 갖고 있기 때문이지 그저 세속의 이목을 따르려 하는 것이 아니다.

꾸미고 거짓말하여 명예를 얻으려 하거나 기이한 행동으로 낚아서 세상을 놀라게 하는 것은 군주의 봉록을 받지 않으면서 사사로운 이익을 다투는 것이며, 이름과 실제가 상반되는 것이고, 마음과 행적이 어긋나는 것이다. 이런 사람은 성스러운 임금으로부터 주살을 면한 것만으로도 요행일 터인데, 어찌 초빙을 받을 수 있겠는가?"

은거하고 있는 사람을 불러내어 세상을 유익하게 만들고자 하는 노력은 꼭 필요한 것이지만, 증명되지 않은 헛된 명성에 속아 사람을 쓰는 것은 세상에 조금도 이롭지 못하다는 뜻이다.

불려 나가는 사람도 마찬가지일 것이다. 어떤 자리를 맡게 되느냐가 중요한 것이 아니라, 그 일을 감당할 수 있느냐가 더욱 중요한 것인데, 스스로 자기 자신을 들여다보는 태도를 가져야 세상 사람들에게 망신을 당하는 일이 없게 된다.

환관에 의해 황제가 된 순제의 보은

후한시대 44 (134년~145년)

후한이 기울어지기 시작한 것은 연이어 단명하는 황제들과 이러한 황제의 권한을 위임받은 외척이나 환관들에게서부터 비롯되었다. 안제의 뒤를 이어 등극한 북향후가 얼마 되지 않아 죽자 환관들은 태자 자리에서 쫓겨나 제음왕으로 있던 유보를 복위시키고 황위에 올렸는데 이 사람이 순제다.

환관 덕분에 죽다가 살아나 황제가 된 순제는 환관에 대한 은혜를 베풀었다. 환관들이 양자를 얻을 수 있게 하고, 그들에게 작위를 세습할 수 있게 했다.

원래 환관에게는 후사를 두지 못하게 함으로써 후대를 생각하며 돈을 모으거나 권력을 잡을 욕심을 내지 못하게 한 조치가 있었다. 그런데 순제의 조치는 환관들로 하여금 자기의 제사를 지내 줄 양자에게 더 많은 것을 남겨 주기 위하여 돈과 권력을 더 많이 가지려고 힘쓰게 될 이유를 만들어 주게 되었다. 후한이 망하고, 헌제로부터 선양받아 위나라를 세우는 조조가 환관의 후예라는 것은 널리 알려진 사실이다.

어사 장강이 순제에게 편지를 올렸다.

"문제와 명제 두 황제가 나라를 도덕으로 교화하여 아주 융성할 때도 환관 중관상시는 두 명에 불과했습니다. 가까이에 있는 그들을 총애하여 상을 내리실 때도 약간의 금을 주는 것으로 끝내셨습니다. 이렇게 비용을 아끼고 백성을 중히 여기셨던 고로 집집마다 사람들이 풍족할 수 있었던 것입니다.

그러나 최근 몇 년간 공로가 없는 환관이 모두 관직을 갖게 되었으니, 이는 백성을 사랑하고 인재를 중히 여기며 하늘의 뜻을 받들고 도리에 순응하는 일이 아닙니다."

이고는 장강과는 다른 방법을 쓰기로 했다. 자기가 모시는 외척 양상은 그래도 양씨들 가운데는 좀 나은 사람이라 생각하여 그에게 상주문을 주며 황제에게 올려줄 것을 부탁했다.

"수년 전부터 여러 차례 재앙과 괴이한 일이 일어났습니다. 공자가 말하기를, '지혜로운 자는 변화하는 모습을 보면 어떤 모양으로 될지를 생각하며, 어리석은 자는 괴이한 일을 보면 이름 대기를 꺼린다.'고 했습니다. 하늘의 도리는 가까운 사람을 두는 일이 없으니, 가히 두려워하여 존경할 만하다고 할 것입니다."

하늘은 특정인을 사랑하지 않고 하늘의 도를 지키는 사람의 편에 선다. 오늘 어떤 사람이 하늘의 도를 알고 실천했다면 하늘은 그의 편에 서지만, 어제 하늘의 뜻을 실천했던 사람이라도 오늘 하늘의 뜻을 어기면 하늘은 바로 외면한다는 뜻이다. 이고는 양상을 통하여 순제에게 이와 같은 마음을 전하고자 했다.

"폐하께서 억울하게 쫓겨난 일은 하늘의 뜻에 어긋난 것이어서 사필귀정으로 다시 황제가 되셨습니다. 이처럼 하늘이 폐하의 편에 서는 것은 하늘의 뜻에 따를 때에만 가능합니다. 지금처럼 하늘의 뜻과 다르게 환관에게 특별한 은총을 내리는 것은 하늘의 도를 어기는 일입니다."

그러나 이고의 기대와 달리, 양상은 이 편지를 순제에게 올리지 않았다.

주목과 한소가
혼란에 대처하는 방법

후한시대 45 (146년~156년)

후한 환제 때는 어려운 일이 많았다. 환제가 즉위한 해 7월, 32개 군과 봉국에서 황충의 피해가 있었다. 주리고 궁색하여 유랑하고 흩어지는 사람들이 수십만 호에 달했는데, 기주가 가장 심했다. 조정에서는 이 문제를 해결하기 위해 시어사 주목을 기주사사로 임녕했다.

청렴하기로 이름난 주목이 기주로 부임하려고 황하를 건넜다는 소문이 돌자 기주 관하의 탐관오리 가운데 인수를 풀어 놓고 도망친 사람이 40명이나 되었다. 주목은 부임하자마자 탐관오리를 찾아내어 탄핵하도록 주청하니, 자살하는 관리가 생겼고 옥중에서 죽는 사람도 있었다.

환제 측근에 있는 환관 조충의 고향은 기주부에 속했는데, 아버지가 죽자 아주 호사스럽고 분수 넘치는 장례를 치렀다. 주목이 이를 조사하게 하자 주목의 성품을 아는 관리들은 조충 아버지의 무덤을 파고 호화스러운 관을 꺼내 쪼개버렸다.

이 소식을 들은 환제는 화가 나서 주목을 감옥에 가두었다가 강제 노역장으로 보냈다. 이 소식을 들은 유도를 비롯한 수천 명의 서생들이 대궐에 이르러 편지를 올리며 호소했다.

"주목은 공정하게 일을 처리하고 나라를 걱정하며 자사로 제수되는 날 뜻을 세워 간악함을 없애고자 했습니다.

황제의 총애를 받는 상시들의 부모와 자식, 형제가 주와 군에 널리 분포되었는데 서로 다투어 호랑이와 이리같이 힘없는 백성을 삼켰습니다. 이런 까닭에 주목은 백성을 해치고 화가 되는 사람을 전부 잡아 하늘의 뜻을 이루고자 한 것입니다.

이로 말미암아 환관들은 모두 원한을 품고 주목을 미워하고 비방했습니다. 결국 주목은 형벌을 받아 좌교에 보내져 노역하게 된 것입니다."

서생들이 계속 주목을 죄인으로 만든 것은 잘못이라고 주장하니 환제는 어쩔 수 없이 주목을 석방했다.

그 후에도 유도 등이 여러 가지 조정의 잘못을 지적하는 상소문으로 올렸으나, 환제는 거들떠보지도 않았다.

이때 도적떼가 일어나 산동 지역과 강소성에 창궐하니 피해가 아주 심했다. 조정에서는 해마다 토벌군을 보냈지만 그들을 이기지 못하자 유능한 한소를 뽑아 산동 지역에 있는 영현의 현장으로 삼았다.

도적들은 한소가 현명하다는 말을 듣고 그 근처에는 얼씬도 하지 않았다. 주변에 있던 백성들이 영현 근처로 몰려드니 먹을 것이 문제였다. 한소가 창고를 열어 그들을 구제하려 하는데, 창고 업무를 맡은 사람이 거부했다. 창고의 정해진 관리 지침과 달랐기 때문이다. 한소가 그에게 말했다.

"현장은 구렁텅이에 빠진 사람을 살리는 사람이니, 이것 때문에 엎어져 죄를 얻게 된다면 웃음을 머금으며 땅 속으로 들어갈 것이다."

한소는 소소한 규정에 얽매이지 않고 대국적으로 백성을 위한 조치를 취할 것이니, 행여 그 소소한 규정에 의해 죽게 되더라도 감내하겠다는 것이었다. 한소의 상전인 태수도 명성과 품덕을 지닌 한소를 작은 규정으로 얽어매지 않았다. 이때 산동 지역에는 한소와 같은 사람으로 순숙, 종호, 진식이 있어서 이들을 '영천의 네 현장'이라 칭송했다.

환제의 실정에 숨어버리는 인재들

후한시대 46 (157년~163년)

환제 때 외척 양기는 권력을 쥐고 제멋대로 굴며 난폭했으므로 황제에게는 눈엣가시였다. 환제는 자기의 권력을 제대로 행사할 수도 없었고, 마땅히 대항할 세력도 갖지 못한 상태였다. 주변을 감싸고 있는 환관들도 대부분 양기의 인물이었으므로, 환제는 고심 끝에 중상시 선초를 찾아내어 양기를 제거하는 데 성공했다.

양씨가 정권을 잡은 지 20년 만에 양기가 제거되자 모두들 환호했다. 환제도 드디어 황제로서의 권력을 행사할 수 있게 되었다. 하지만 황제의 권력을 되찾는 데 기여한 환관들을 그냥 둘 수 없어 선초를 비롯한 다섯 환관에게 열후의 작위를 내렸다. 국가에 큰 공을 세운 장군이나 관료에게 주던 작위를 환관에게 준 것이다.

새로운 정치를 할 수 있는 계기가 마련되면서 전국의 새로운 인재를 등용할 수 있는 기회가 오자 대사농 황경은 범방을 직접 불러 일을 시켰다. 범방은 일찍이 청조사라는 관직을 맡은 일이 있었는데, 그가 수레에 올라 비장한 모습으로 천하를 깨끗이 하겠다는 의지를 밝히자 부패한 탐관오리들은 소문만 듣고도 인수를 풀어놓고 도망친 일이 있었다. 그런 범방이 새로운 시대를 맞이하여 다시 등용된 것이다.

범방은 당장 제거해야 할 탐욕스럽고 포학한 사람들의 이름을 열거하면서 다시금 실상을 파악하여 깨끗한 분위기를 만들 것임을 천명했다.

"농부가 잡풀을 제거하면 좋은 알곡이 무성할 것이고, 충신이 간신을 제거하면 왕도가 청정해진다."

범방의 말을 들으면 한나라에도 희망이 싹트는 것 같았다.

상서령 진번도 서치, 강굉, 원굉, 위저, 이담 등 다섯 명을 천거했다. 서치는 가난했지만 겸손하고 공손한 사람이었고, 의로웠지만 양보심이 강해 그의 주변에 있는 사람들 중 그에게 감복하지 않는 이가 없었다. 강굉은 형제간의 우애가 좋아서 도둑이 들었을 때 서로 대신하여 죽겠다고 했었고, 원굉은 절개를 지킨 인물이었으며, 위저는 세상일에 관심을 끊고 후학을 가르치던 사람이었다. 이담은 구박이 심했던 계모를 끝까지 잘 모셨다. 환제가 편안한 수레와 검은 비단을 갖추어 보내며 예를 다하여 이들을 불러들였지만, 이들은 하나같이 황제의 부름에 응하지 않았다.

환제는 양기에게 억눌렸을 때 알던 사람들에게 지나친 은혜를 베풀었다. 황후의 아버지와 오빠에게 열후의 작위를 내렸으며 환관인 중상시 후람이 비단 5천 필을 바치자 관내후의 작위를 주었던 것이다.

이렇게 작위를 받은 환관과 후작들이 탐욕스럽게 불법을 저질렀으므로, 양기가 권력을 잡고 있을 때보다 나아진 것이 없었다. 천하의 인재들이 세상으로 나오기를 거부하며 숨어 버릴 수밖에 없는 이유였다.

후한시대 47 (164년~166년)

환제는 여오후로 있다가 환관의 도움으로 황위에 오른 사람이다. 이때 후한에는 태학생이 3만 명이 있었다. 한 왕조가 서면서 지속적으로 유학을 장려한 까닭에 태학생이 증가한 것이다. 이들의 목표는 관직에 오르는 것이었으므로 서로 경쟁하는 관계였다. 그리하여 편을 갈라 당을 만들고 서로의 행실을 논하며 흠집을 내기도 했다.

여남태수 종자가 인사권을 가진 공조에 범방을 등용하고, 남양태수인 성진은 잠질을 공조로 삼았는데 두 태수 모두 이들을 마음에 들어 했다. 그들이 공조의 일을 맡게 된 후 군부가 아주 맑아졌기 때문이다. 특히 범방은 인사권을 쥔 후 더욱 강경해져 악한 것이라면 원수처럼 싫어했다.

그런데 평소 행실이 좋지 않은 범방의 조카 이송이 중상시 당형에게 여남태수 종자를 움직여 자신을 관리로 임명하게 해 달라고 청탁하는 일이 생겼다. 황제의 곁에서 늘 황제의 시중을 드는 중상시의 압력을 받은 종자는 이송을 관리로 임명하려 했으나 범방은 이송의 서류를 묵혀둔 채 태수의 명을 듣지 않았다.

화가 난 종자가 범방 밑에서 서류를 담당하는 주령을 불러 책임을 묻고 채찍질하니, 주령이 매를 맞으며 말했다.

"공조 범방이 일을 깨끗하게 처리했으니, 저는 오늘 태형을 받아 죽더라도 범방의 뜻을 어길 수 없습니다."

종자는 더 이상 주령을 닦달할 수 없었다. 강직한 범방 때문에 여남에서는 중상시의 압력이 효과를 보지 못한 것이다. 이 소식이 전해지자 사람들은 노래를 지어 불렀다.

"여남태수는 범방이고, 남양사람 종자는 허락한다고 서명할 뿐이네. 남양태수는 잠질이고, 홍농사람 성진은 앉아서 휘파람만 부네."

여남태수는 종자이고 남양태수는 성진인데, 그 밑에서 인사권을 쥔 범방과 잠질이 실제로 태수의 일을 한다는 뜻이다.

이처럼 관리들에게 공평무사한 태도를 요구하는 분위기는 태학생들을 중심으로 널리 확산되었다. 3만 명의 태학생들은 부정부패한 관리를 지목하거나 그들에 대한 공격도 감행했는데 사람들은 이를 가리켜 '청류(淸流)운동'이라 했다.

청류운동의 공격 대상은 권력을 쥐고 있는 사람들이었는데, 그 핵심은 역시 환관들이었다. 후궁과 친척이면서 부유한 상인인 장범은 환관에게 뇌물을 주고 높은 관직을 얻었는데, 태수

성진과 공조 장질은 황제의 사면령에도 불구하고 그를 잡아 죽였다. 또 환관 조진이 포악하고 방자하여 골칫거리가 되자 태원 태수 유질도 사면령을 외면하고 그를 잡아 죽였다.

황제의 사면령이 내렸는데도 법을 어겼다는 이유로 환관이 잡혀 죽는 일이 생기자 중상시 후람은 죽은 장범의 처에게 탄원문을 올리게 했다. 이를 계기로 환관들은 성진과 유질을 사형에 처하라는 상주문을 올렸다. 또한 태학생들이 공부는 안 하고 당을 만들어 정치에 참여한다면서 금고에 처하여 벼슬길을 막아버렸다. 이러한 환관들의 반발을 청류운동에 맞선 '당고(黨錮)'라고 부른다.

후한 영제·헌제 시기

환제의 말년부터 시작하여 영제, 헌제로 이어지는 시기인 167년 부터 219년에 해당하는 53년간의 역사는 《자치통감》 권56부터 권 68에 이르는 열세 권에 기록되어 있다. 167년에 환제가 죽자 영제 유홍이 12살의 나이로 등극하여 22년을 재위하였다.

영제가 죽자 소제 유변이 그 뒤를 이었으나 황제가 된 지 5개월 만에 동탁에 의하여 폐위되어 홍농왕으로 강등당한 뒤 그 다음 해 에 독살당하고 말았다. 동탁은 소제를 폐위한 후 영제의 둘째 아들 인 유협을 황제로 추대했는데 헌제 유협이 황제로 즉위할 당시의 나이는 9살이었으며, 이후 30년 동안 재위하였다.

영제와 헌제의 재위 기간은 결코 짧다고 할 수 없었지만 제대로 된 황제권을 발휘하지 못하였다. 20세도 채 되지 않은 어린 태후와 노회한 환관들, 태학생들의 격돌, 황건의 등장 등으로 온 나라가 혼 란에 빠짐에 따라 무력을 지닌 사람들에 의해서 정치가 좌우되던 시대였으니 황제는 그저 허수아비에 불과했다. 보통 《삼국지》라 불리는 《삼국지연의》는 이 시기부터 시작된다.

056
환관의 노복에게 뇌물을 주고
자사가 된 맹타

환제가 후사 없이 죽자 두 태후가 두무와 의논하여 12세의 유굉을 황제로 세웠으니, 이 사람이 바로 영제다. 영제를 지나 헌제 대에 이르면 전·후한을 통틀어 400년을 이어온 한 왕조는 멸망하고 조조와 유비, 손권의 삼국시대로 들어가게 된다.

그러므로 영제 시기는 한 왕조가 완전히 멸망하는 길로 들어가는 때였다고 할 수 있다. 여기에는 황제를 세운 공으로 권력을 잡고 정치를 좌지우지하며 이에 항거하는 태학생들을 당고로 묶는 전횡을 저지른 환관들이 있다. 영제가 즉위한 후 진번과 두무가 정치를 맡으며 새로운 희망이 보이는 듯했지만, 이들이 환관에게 잡혀 죽으면서 17명의 환관이 열후에 오르는 등 환관의 시대가 벌어진 것이다.

그 중 중상시 장양은 궁중에서 항상 황제를 모시는 환관의 높은 직위 때문에 자신을 찾아오는 사람들을 다 처리할 수가 없었다. 장양은 집안에서 부리는 노복의 우두머리인 감노를 두어 집안일을 맡겼는데, 장양의 감노는 위엄과 형세가 대단했다.

이러한 상황을 간파한 부풍 출신의 맹타는 자신의 재산을 털어 장양의 노복들에게 넉넉한 선물을 돌렸다. 노복들은 아낌없이 재물을 나눠주는 맹타에게 미안한 생각이 들어 무엇 때문에 그리 잘해주는지를 물었다. 맹타가 말했다.

"너희들이 나에게 절 한 번만 해줬으면 좋겠다."

장양의 집 밖에는 언제나 장양을 만나려는 빈객들이 수백, 수천씩 모여들어 인산인해를 이뤘다. 그들은 장양의 얼굴 한번 보는 것초자 쉽지 않았다.

어느 날 맹타가 장양의 집에 도착했는데, 감노가 노복들을 거느리고 나와 그에게 절한 후 함께 수레를 타고 안으로 들어갔다. 그 모습을 본 사람들은 모두 놀랐다. 맹타가 장양과 대단히 친하다고 생각한 빈객들은 모두 맹타에게 뇌물을 바쳤다.

맹타는 이렇게 받은 뇌물의 일부를 장양에게 바치며 장양과 교제를 하는데 성공했고, 드디어 양주자사가 되었다. 노복에게 뇌물을 주어 환관과 친해지고, 환관으로부터 관직을 받은 것이다. 이러고도 나라가 망하지 않는다면 오히려 그것이 더 이상할 일이었다.

관직을 팔아 곳간을 채운 영제

서기 167년, 후한의 11대 황제인 환제가 36세의 나이로 후사 없이 죽자 두 태후는 해동정후 유장의 아들인 유굉을 새로운 황제로 결정했다. 해동정은 아주 작은 행정 단위였기 때문에 해동 정후는 명목상으로는 후작이나 군후나 현후, 향후도 못되는 보살 것 없는 종실이었다.

유굉은 장제 유달의 다섯째 아들인 하간왕 유개의 후손으로, 장제의 6대손에 해당한다. 유개 이후 작위가 계속 떨어져 왕작에서 정작으로 떨어졌고 가세 또한 지속적으로 기울었는데 별안간 유굉이 황제에 오르면서 벼락출세를 하게 되었다.

하지만 황제에 즉위했다고 해서 영제 유굉이 모든 일을 자기 마음대로 할 수 있는 것은 아니었다. 오히려 황제라는 그럴 듯한 허울을 뒤집어쓰고 사람들 틈 속에서 서성이는 신세일 뿐이었다. 간혹 올바른 정치를 건의하는 글이 올라와도 영제에게까지는 전달되지 않았다.

대신 영제를 둘러싸고 있는 사람들이 온갖 재주로 권력을 휘두르며 사사로운 이익을 챙기고 있었다. 심지어는 권력자의 노복에게 아부하여 주의 자사가 된 사람도 있었다.

이러한 상황에서도 노식은 영제를 위해 충언했다. 인재를 잘 선택하고, 각자에게 업무의 책임을 물어야 하며, 세세한 법률 조목을 줄여 사람들이 마음껏 일하게 해 주어야 한다는 것이었다.

그러나 영제는 노식의 말하는 의미를 이해할 수준이 못 되었으므로 그의 충언을 무시하고 황위에 오르기 전 해동정에서 가난했던 일만 떠올리며 돈 벌 궁리에 전념했다.

영제는 즉위한 첫해부터 궁궐의 서쪽에 집을 짓고 관직을 팔아 돈을 모으기 시작했다. 한나라에서는 관직의 높이를 연봉 기준으로 정했으므로 관직명도 이천석에서 사백석까지 단계별로 정해져 있었다. 이천석의 관직은 태수나 자사에 해당하는 사람들의 직급이었고, 사백석은 낮은 직급의 관직이었다.

영제는 이천석 벼슬은 2천 석에 팔았고, 사백석의 관직은 4백 석에 팔았다. 관직을 받을 사람 중 칭찬이 자자하여 덕이 있다고 이름난 사람에게는 백 번 양보하는 마음으로 절반 값을 받았으며, 부유한 사람에게는 지방관을 팔며 정해진 값의 배를 받기도 했다. 가난하여 미리 돈을 낼 수 없는 사람에게는 부임한 다음 갑절을 받았다.

원래 황제는 천하를 다 소유했으므로 재물을 어디에 둔 들 황제가 쓰고 싶을 때 못 쓸 이유가 없다 했다.

"천하를 천하에 쌓아 두라."

이 말의 뜻은 황제가 사사로이 재물을 쌓아 둘 필요가 없다는 뜻이다. 그럼에도 불구하고 황제에 오르기 전 너무 가난했던 영제는 천하의 주인이 된 이후에도 관직을 팔아 곳간에 쌓아두어야 마음이 놓이는 졸부의 마음을 극복하지 못했던 것이다.

황건적과 환관 십상시

후한을 망하게 한 대규모 반란으로 보통 황건적을 든다. 황건적은 장각이 처음 시작한 태평도에서 시작되었다. 장각은 비방한 물을 가지고 주문을 외우며 병을 치료하면서 병든 사람에게 무릎을 꿇고 잘못을 뉘우치며 머리 숙여 절하게 했는데, 어떤 때는 병이 나으니 사람들이 그를 신처럼 섬겼다.

이런 소문이 마치 들불처럼 번지니 중국의 동부 지역에서 10여 년 사이에 그를 따르는 무리가 수십만에 이르렀다. 이처럼 태평도의 세력이 커지자 한나라 조정에서는 이를 위험하다고 생각하여 근절책을 내는 사람이 있었다.

그 가운데 양사는 지방관에게 태평도와 일반 백성을 엄격하게 구분하여 태평도를 믿는 사람은 고립시키고 태평도의 우두머리만 체포할 것을 건의했지만 면직되었다. 다시 유도가 같은 주장을 계속했지만 영제는 아무런 응답 없이 다른 일만 벌였다.

그러는 사이 장각은 조직을 정비하여 36개의 방을 두었다. 방은 장군과 같은 우두머리인데, 1개의 방에는 6~7천 명에서 1만 명의 인원이 소속되었다.

"갑자년에는 천하가 크게 길할 것이다."

장각은 이렇게 선전하는 한편 중앙에서 권력을 쥐고 있는 환관 가운데 봉서와 서봉 등을 포섭했다. 그러나 장각의 제자가 이 사실을 고발하면서 반역의 계획이 드러났고, 태평도는 계획을 바꿔 일찍 봉기했다. 그들은 자기편을 식별하기 위하여 머리에 노란 수건을 두르니, 이로써 황건적이라 불리게 되었다.

황건의 난이 일어나니 조정에서는 이를 진압하기 위해 그동안 금고에 처했던 당인의 사면령을 내려 장각을 토벌하게 했다.

그러는 동안에 환관 십상시들은 궁실 같은 개인 주택을 지으며 마음껏 사치를 부렸다.

"폐하, 높은 곳에 올라가시면 백성들이 흩어집니다."

십상시들은 영제가 높은 곳에 올라갔다가 호화로운 자신들의 집을 볼게 될 것을 걱정하여 영제를 망루에 오르지 못하도록 앞을 가로막았다.

그러는 와중에 황건적과 내통한 환관이 드러났다.

"너희들은 당인들이 법이나 도리를 지키지 않는다고 했지만, 이제 보니 그들은 쓸모가 있는데 너희는 장각과 내통을 하고 있구나!"

영제가 꾸짖자 환관들은 엎드려 사죄하면서 환관 가운데 한 사람인 여강이 당인들과 내통하면서 음모를 꾸민 것이라고 모함했다.

영제의 부름을 받은 여강이 화가 나서 "내가 어떻게 형리와 마주한단 말인가."라고 울부짖고 스스로 목숨을 끊었다. 그러자 그를 모함했던 환관들은 "여강이 죄가 없다면 왜 자살하겠습니까?"라며 다시 죄를 덮어씌웠다. 이러한 환관들의 모함과 무고 속에서 후한의 운명은 나날이 멸망으로 치닫고 있었다.

낭중 장균이 영제에게 편지를 올렸다.

"백성이 즐겨 태평도를 따르고 장각이 군사를 일으킬 수 있었던 것은 모두 십상시에게 원인이 있습니다. 그들의 아버지와 동생, 처가와 친가의 사람들, 또한 그들이 보낸 빈객들이 주와 군을 관장하고 점거하면서 재물과 이권을 독점하여 백성들을 약탈하고 해를 끼치는 데도 백성들은 억울함을 호소할 길이 없었습니다."

영제가 이 편지를 환관들에게 보여 주니, 모두 사죄하고 벌 받기를 자처하면서 황건적을 치는 데 돈을 내놓겠다고 했다. 이 모습을 본 영제는 십상시 가운데 제대로 된 사람이 하나도 없다고 한 장균의 말을 거짓말로 보았다. 재산을 내놓으며 충성을 맹세한 십상시를 아주 훌륭한 사람으로 본 것이다. 영제는 장균을 황건적과 연관되었다고 몰아 죽였다.

무력으로 황제를 바꾼 동탁

후한시대 황건의 난이 일어나고 전국이 혼란에 빠져있을 때 영제가 죽고 그의 아들 유변이 뒤를 이어 황위에 올랐는데, 이 사람이 소제이다. 하지만 소제 유변은 전쟁 통에 이리저리 쫓겨 다니는 신세가 되었고, 동탁이 군사를 이끌고 장안으로 들어온 후에는 하루하루를 두려움에 떨어야 했다.

이에 여러 신하가 동탁에게 황제의 조서를 내보이며 군대를 물릴 것을 요구했지만, 이 말을 들을 동탁이 아니었다.

"공들은 나라의 대신이면서도 왕실을 바로잡지 못하여 국가를 떠돌게 만들었다. 그런데 어찌 내게 군대를 물리라 하는가?"

동탁이 소제에게 말을 건넸는데 소제는 그 말의 뜻을 이해하지 못했다. 동탁이 영제의 다른 아들인 진류왕 유협에게 재앙과 난리가 일어난 이유를 물으니, 유협은 처음부터 끝까지 빠뜨리는 것 없이 대답했다.

동탁은 진류왕 유협이 똑똑하다며 크게 기뻐했다. 유협은 동태후가 양육한 사람이고, 동탁은 태후와 동족이었으므로 소제 유변을 폐위하고 진류왕 유협을 새 황제로 옹립할 뜻을 가지게 되었다.

동탁이 원소에게 황제를 바꿀 것을 제의하자 원소가 말했다.

"한나라의 황실이 천하의 임금 노릇을 한 지가 400년입니다. 그동안에 베푼 은덕이 깊고 두터워 백성들이 그들을 받들고 있습니다. 지금의 황상께서는 나이가 어리시고 좋지 못한 일을 천하에 펼친 적이 없으니, 공께서 적자를 폐하고 서자를 세우신다면 사람들이 고깝게 볼 것이 두렵습니다."

그러자 동탁은 칼을 쓰다듬으며 원소를 꾸짖었다.

"누가 감히 그런 짓을 하겠는가? 천하의 일이 나에게 달려 있지 않다는 말인가? 내가 하고자 한다면 감히 누가 좇지 않겠는가? 너는 동탁의 칼이 날카롭지 않다고 생각하는가?"

원소도 지지 않고 발끈하며 말했다.

"천하에 강건한 자가 어찌 동공뿐이겠소?"

그리고는 차고 있던 칼을 끌어당기고 비스듬히 읍하며 지름길로 나가 버렸다. 동탁은 지금 막 도착한 상태이고, 원소를 큰 집안의 사람으로 보았으므로 감히 그를 해치지는 못했다.

하지만 겁이 난 원소는 기주로 도망쳐 버렸다.

그로부터 얼마 후 동탁은 조정의 신하들을 모아놓고 거만하게 말했다.

"지금의 황제가 아둔하고 허약하니 종묘를 받드는 천하의 주군으로 삼을 수 없소. 하여 이윤과 곽광이 실행하였던 옛날 사례에 의거하여 진류왕으로 황제를 바꿔 세우고자 하는데 공들의 생각은 어떠하오?"

모두가 두려워 감히 대답을 하지 못하는데, 오직 노식만 반대 의견을 제시했다. 노식이 면직되자 더 이상 목숨을 걸고 반대할 사람은 없었다.

며칠 후 동탁은 신료들을 숭덕전 앞에 모아놓고 태후를 협박하여 소제를 폐위하는 책서를 쓰게 했다.

"황제는 상중에 있으면서 자식된 마음을 갖지 않고 위엄과 언행이 임금에 어울리지 않으니 이제 폐위하여 홍농왕으로 삼고, 진류왕 유협을 세워 황세로 삼노라."

태후가 책서를 읽자 동탁의 심복인 원외가 황제의 옥새와 인수를 풀어 진류왕 유협에게 바쳤다. 그리고는 폐위된 유변을 부축하여 숭덕전에서 내려온 후 새로운 황제인 헌제 유협 앞에서 신하됨을 칭하도록 했다. 그 모습을 보면서 태후는 숨을 죽인 채 눈물을 흘렸고, 신하들은 슬픔에 잠기면서도 감히 말을 꺼내는 자가 없었다.

060
난세의 영웅 조조

후한시대 52(191년~193년)

한나라는 손을 쓸 수 없을 정도로 무너져가는데 황건의 난이 일어나면서 400년을 이어온 한 왕조는 멸망의 문 앞에 서 있었다. 새로운 시대에는 새로운 영웅이 나타나게 되어 있는 법, 사방의 장수들이 도적을 토벌하고 한 왕조를 지킨다는 명분 아래 군사를 일으켰다. 하지만 그 속내는 무너지는 한 왕조의 시류에 편승하여 자신의 기회를 잡고자 하는 것이었다.

가장 먼저 군사를 일으킨 것은 막강한 군사력을 가진 동탁이 었다. 그 뒤를 이어 공손찬, 여포, 손책, 원술, 원소, 유표, 손견, 손권, 유비 등이 이름을 드러냈다. 결국 이 난세를 누비며 중국을 통일한 것은 다름아닌 조조였다.

하지만 조조도 처음부터 대단한 집안 출신이었던 것은 아니다. 조조가 황건적을 쫓아 제북에 이르자 모두가 그에게 항복했는데, 이때 군사가 30만 명이었고 그에 딸린 사람들까지 모두 합하면 도합 1백만 명이 되었다. 조조는 비로소 정식으로 자기의 군대를 선언하고 청주 지역에서 항복한 황건적을 받아들여 자기 군대의 이름을 '청주병'으로 불렀다.

조조는 모개를 치중종사로 삼고 정치적인 일을 맡겼다. 모개는 조조에게 상황을 분석하고 이에 대한 대책을 세워 주었다. 천하는 나뉘었고 황제는 이리저리 방랑하고 있으며 백성은 기근 속에 있고 관부에는 1년을 지탱할 여유도 없으니 백성들은 믿을 곳이 없다고 분석한 것이다. 그리고 이를 타개하는 방법으로 모개가 제시한 것은 의로울 것, 재물의 뒷받침이 있을 것, 명목뿐이라 하더라도 황제를 등에 업을 것, 군수물자를 마련할 것 등이었다.

산동 지역에 머무르던 조조는 서쪽에 있는 황제와 연관을 맺기 어렵다고 판단하여 장안으로 가고자 했다. 그러기 위해서는 중간에 있는 하내를 거쳐야 하는데, 그곳을 맡고 있는 태수 장양이 부탁을 들어주지 않았다.

조조는 동소를 동원하여 장양에게 유세하게 했다. 당시 가장 강한 세력을 가진 원소보다는 똑똑하고 장래가 있는 조조와 관계를 맺는 것이 장양에게 더 좋을 것이라는 회유를 한 것이다. 이것이 통하여 동소는 장안으로 갈 수 있었다.

당시 한나라 조정에서는 이각과 곽사가 권력을 잡고 있었다. 그들은 특별한 능력이 있어서라기보다는 동탁의 세력으로 황실 근처에 있는 바람에 권력을 쥔 것이었다. 더욱이 멀리 내다보면서 차근차근 자리를 굳혀가는 사람들은 아니어서 조조에 대해 좋은 생각을 갖고 있지는 않았다. 서쪽에 위치한 장안에서 보면 조조가 있는 산동 지역은 황건적이 드셌던 지역이고, 조조가 그들을 토벌했다고는 하나 알고 보면 황건적에 속했던 무리를 받아들인 것에 지나지 않았기 때문이다. 이각과 곽사가 동소를 가두려 하니 황문시랑 종요가 조조를 칭찬하며 말했다.

"다른 사람은 독자적으로 세력을 지니며 중앙의 명령을 듣지 않는데, 그래도 조조는 황실을 마음에 두고 이렇게 사자를 보내지 않았습니까? 그래도 믿을 만하다고 볼 수 있지요."

종요의 감언이설 덕에 조조는 무사히 황제를 위한다는 명분으로 중앙의 위상에 기댈 수 있었다.

헌제의 눈물겨운 피난길

후한의 마지막 황제인 헌제 유협의 시호는 나라를 바쳤다는 의미를 갖고 있다. 한나라의 옥새인 전국새를 조조의 아들 조비에게 넘겨준 황제이기 때문이다.

영제의 큰아들인 소제 유변은 장안으로 들어온 동탁의 질문에 제대로 답하지 못했다는 이유로 황위에서 쫓겨났다. 소제를 폐위시킨 동탁은 190년 진류왕 유협을 데려다 황제로 세웠는데, 이 사람이 바로 헌제다. 헌제는 220년 조비에게 선양할 때까지 30년간 황제 노릇을 했지만, 아무런 권력도 없는 허수아비 황제였다.

헌제 유협은 동탁에 의해 황제가 된 초기에 동탁에게 끌려다녔다. 그러다가 동탁이 여포에게 죽고 정치가 극도의 혼란 속으로 빠져들면서 헌제는 바람 앞에 등불 같은 신세가 되었다. 난세를 헤쳐나갈 인물이 되지 못했던 여포가 축출되고, 동탁의 부하였던 이각과 곽사가 권력을 잡았지만 이들은 서로 싸우느라 정신이 없었다. 이각이 이족인 강족과 호족의 병사들에게 황제의 궁녀를 나눠주겠다고 약속하는 바람에 이들이 황제가 있는 금문까지 들어와 소란을 피우는 일도 벌어졌다.

끝을 알 수 없이 혼란한 정치적 소용돌이 속에서 헌제는 낙양으로 돌아가고 싶어 했다. 우여곡절 끝에 이각의 군영에서 빠져나온 헌제는 또다시 어디로 갈 것인지를 놓고 곽사와 대립하게 되었다.

헌제는 100명이 채 안 되는 호위병과 함께 간신히 이각과 곽사의 군영에서 벗어났다. 그리고 낙양을 향해 가는데, 먹을 것이 없어 온종일 굶기도 하고, 잠잘 곳이 없어 노숙을 해야 하는 상황이 되기도 했다. 그러는 와중에서도 사방에서는 황제를 쟁탈하려는 싸움이 벌어졌다.

헌제를 호위하는 이락이 황하를 건널 배를 준비하는 동안 헌제 일행은 걸어서 군영을 나갔다. 황후의 오빠인 복덕은 한 팔로 황후를 부축하고 다른 팔로는 비단 10필을 끼고 갔다.

황하의 언덕은 높이가 10여 장이나 되어 걸어 내려갈 수 없었다. 헌제 일행은 비단으로 연을 만든 후 한 사람이 헌제를 연에 태워 업고 내려가고, 나머지 사람들은 포복하여 언덕을 내려갔다. 어떤 사람은 위에서 뛰어내리다가 모자와 두건이 부서지기도 했다.

이처럼 눈물겨운 도망길 끝에 황하에 이르렀으나 이번에는 배가 턱없이 부족했다. 헌제를 따라온 사람들이 앞다투어 배에 오르려 하자 호위인 동승과 이락은 창을 휘둘러 그들을 쳐냈다. 이때 잘린 병사들의 손가락이 배 안에서 한 움큼이나 나왔다.

헌제가 마침내 배에 올랐는데, 그와 함께 배를 타고 황하를 건넌 사람은 황후와 양표를 포함한 수십 명뿐이었다. 궁녀와 관리들은 병사들에게 옷을 약탈당했고, 머리카락이 잘린 사람도 있었으며 얼어 죽은 사람은 셀 수조차 없었다.

헌제를 쫓아온 이각은 황하 북쪽에 불빛이 있는 것을 보고 기병을 보내 살피도록 했다. 기병이 헌제가 배를 타고 황하를 건너고 있다고 보고하자 이각은 배를 향해 소리를 질렀다.

"너희들이 황제를 모시고 가느냐?"

동승은 이각의 군대가 배를 향해 활을 쏠까봐 두려워하며 이불로 장막을 만들었다.

이러한 우여곡절 속에 헌제는 겨우 이락의 군영으로 들어갈 수 있었는데 보루에 있던 장수들이 앞다투어 헌제에게 관직을 요구했다. 그들에게 인수를 새겨 줄 처지가 못 되었던 헌제는 송곳으로 도장을 그려주었다. 피난에는 성공했을지 몰라도 또 다른 시련이 시작되었던 것이다.

062
부하에게 신뢰를 잃은 공손찬

후한시대 54 (196년~198년)

황건의 난이 일어나자 이를 진압한다는 명목으로 각지에서
영웅호걸들이 들고 일어났다. 이때는 198년 한나라의 마지막
황제인 헌제가 조조의 아들 조비에게 황위를 선양하기 20여 년
전이다.

각지에서 발동한 세력들은 끊임없는 이합집산을 되풀이하며
대결하고 있었다. 그 중에서 역경에 도읍한 공손찬은 태행산맥
의 험한 지형을 근거로 하는 흑산 세력과 연합하여 원소의 공격
을 막아내고 있었다.

공손찬을 합병하여 세력을 키우려 했던 원소는 오랫동안의
공격이 무위로 돌아가자 공손찬에게 편지를 보내 회유를 시도
해 보았다. 공손찬은 원소에게 답장을 보내지도 않고 성벽을 수
축하며 견고한 방어 체제를 유지했다.

"지금의 형세를 보면 사방에서 호랑이들처럼 싸우고 있는데,
원소가 지금 우리를 공격하고는 있지만 성을 함락시킬 수도 없
고, 오랫동안 성 아래서 지킬 수도 없을 것이 분명하니 그는 우

리를 어쩌지 못할 것이오."

공손찬이 부하 장수 관정에게 자신만만하게 말했다. 자기의 세력이 원소보다는 못하지만 성 안에 있는 한 원소도 어찌해볼 수 없을 것이니 곧 돌아갈 것이라 낙관한 것이다. 그는 적에게 포위된 별장이 도움을 요청하자, 이를 거절하며 말했다.

"한 사람을 구원하게 되면 이는 다른 장수들에게도 구원해 줄 것이라는 믿음을 주게 된다. 그렇게 되면 장수들은 목숨을 다해 싸우지 않을 것이다."

즉 한번 도와주면 다른 이들도 계속 도와달라고 할 것이므로 각자 알아서 싸우라는 말이었다.

그런데 원소는 군사를 더욱 크게 일으켜 공손찬을 공격했다. 이제 공손찬은 다른 세력의 도움을 받아야 할 처지가 되었다. 공손찬은 남쪽 군영으로 가서 그곳을 사수할 수 있는지 점검해 보았는데, 그곳은 스스로 지킬 수 없을 만큼 취약해져 있었다. 공손찬이 지원해 주지 않을 것이라고 생각한 병졸들이 도망치거나 적에게 항복함으로써 궤멸되어 버린 것이다.

원소의 군대가 성문 앞에 도착하자 다급해진 공손찬은 아들 공손속을 흑산적에게 보내 도움을 요청하고, 자신은 돌격 부대를 거느리고 원소의 포위망을 뚫어 태행산맥 쪽으로 가서 흑산적과 연합하는 계획을 세웠다. 그렇게 되면 원소의 후방을 자를 수 있다고 생각한 것이다.

자신의 계획이 성공할 것이라고 생각한 공손찬은 관정에게 성에 남아 지킬 것을 명했다. 관정이 말했다.

"지금 장군의 부하와 병졸 가운데 우리가 와해될 것이라 믿지 않는 이가 없는데, 이 성을 지켜야 하는 이유가 무엇입니까? 우리가 이곳에 있을 때는 노약자와 어린아이들을 돌보았으므로 이들이 장군을 주인으로 믿었습니다. 이러한 믿음으로 성을 굳게 지키면 버틸 수 있을지 모르나, 장군이 떠나버리면 그나마 이 믿음마저 깨져 버리므로 성을 지킬 수 없습니다."

공손찬은 성을 떠나는 계획을 포기했지만, 그의 생각을 알게 된 무리들은 날로 줄어들었다. 평소 부하를 돕지 않았던 공손찬은 자신이 어려웠을 때 내 일처럼 달려와 도움을 주는 사람을 잃어버린 것이다.

063

조조의 유인술과 손권의 독립 전략

후한 말 양자강 유역에서 세력을 키우던 오나라의 손책이 죽었다. 이 소식을 들은 조조는 강남 지역으로 진출할 수 있는 좋은 기회라고 생각하고 오나라를 공격하려 했다.

그런데 시어사 장굉이 조조를 말렸다. 양자강 유역인 오 지역을 손에 넣고 싶어 하는 마음은 알겠지만, 오를 공격하는 데는 큰 위험이 따르기 때문이다.

"지금 오를 치는 것은 명분에 맞지 않습니다. 오에서 손책의 장례를 치르는 동안 그리하는 것은 점잖지 않은 일이기 때문입니다.

《춘추》에는 적국을 공격하다가도 그 나라에 상사가 있으면 공격을 중단하는 이야기가 나옵니다. 만약 이를 무시하고 공격했다가 성공하지 못하면 원수를 만드는 일이 되므로 우선은 오와 우호 관계를 유지하십시오."

이 말을 들은 조조는 손책의 동생인 손권을 토로장군으로 삼아 달라는 표문을 헌제에게 올렸다. 또한 그를 회계태수로 삼아 강동 지역에 있는 회계를 다스리게 했다.

조조는 장굉을 동부도위로 삼아 강남 지역으로 내려가게 했다. 그곳에서 손권을 보좌하면서 그가 자신에게 귀부할 수 있도록 회유하라는 것이었다. 장굉은 원래 손책 밑에서 정의교위로 있었는데, 손책이 그를 조조에게 보냈었고, 조조는 장굉을 자기 사람으로 만들기 위해 황제를 모시는 시어사로 임명했었다. 그리고 이번에는 손권을 회유하라고 남쪽으로 보낸 것이다.

손권이 아직 나이가 어렸으므로 손권의 어머니인 태 부인은 장굉에게 손권을 보필하게 하고 직접 강동 지역을 관리했다. 태 부인은 북쪽 조조에게서 임명을 받고 온 장굉을 자기 사람으로 만들고자 했다.

또 한 사람 노숙이 있었다. 북쪽의 조조에게 있다가 손책을 쫓아 남쪽으로 내려왔던 노숙은 손책이 죽자 강남에는 희망이 없다고 생각하고 다시 조조에게 돌아가려고 하고 있었다. 이를 알게 된 주유는 그에게 북쪽으로 가는 것을 말리는 한편 손권에게 노숙을 잡아 그의 도움을 받으라고 했다.

당시는 조조가 후한의 황제를 끼고 전국의 정치를 관장하던 시대였으므로 유비는 조조의 손아귀에서 빠져나와 도망쳤고, 강남의 손씨 세력은 손책을 잃어 위기를 맞이한 상황이었다.

이런 상황에서 동남쪽의 한 귀퉁이를 차지하고 있던 오 지역에서의 손권이 버티는 방법은 사람이었다. 객관적 조건을 최대한 이용하면서 반전의 기틀을 만들어 내는 것이 바로 사람이었기 때문이다.

주유의 말을 들은 손권은 노숙을 잡고 간곡하게 난국을 타개할 수 있는 방략을 물었다.

"지금 한의 황실이 기울어져서 천하가 위태로운데, 춘추시대에 주나라 황실을 도와 천하를 진정시킨 제 환공이나 진 문공 같은 패권을 세우고자 한다면 어떻게 해야 하겠소? 공께서 나를 좀 도와주시오."

노숙이 대답했다.

"한나라를 세운 유방은 천하를 함께 세운 의제를 존중했지만 항우의 반대로 뜻을 이루지 못했습니다. 지금 조조는 마치 항우와 같아서 패권을 세우는 것은 불가능합니다. 그러니 오히려 강남 지역을 독립하여 왕업을 세우는 것이 현실적입니다."

노숙은 손권에게 지금은 천하에 관심을 갖지 말고 실질적인 세력을 넓히라고 충고했다. 손권은 노숙의 말에 따라 오 지역에서의 독립을 실행함으로써 위기에 봉착한 강동 지역에서 발판을 만들고 삼국의 한 축으로 우뚝 서게 되었다.

064

과거의 역사로 미래의 삶을 가르치는
《신감》과 《명이대방록》

한나라의 마지막 황제인 헌제는 천하의 실권이 이미 조조에게 넘어간 상태에서 한껏 몸을 낮추어 겸손하게 처신했다. 천자라는 이름이 더 이상 아무것도 지켜주지 못하게 되었기 때문에 스스로 목숨을 보존해야 하는 상태가 되어 버렸음을 인식한 것이다.

하지만 비서감 겸 시중을 맡고 있던 순열의 생각은 이와 달랐다. 순열은 후대에 역사책 《한기(漢紀)》를 지어 유명해진 사람으로, 당장의 목숨을 구하는 것이나 출세를 지향하는 것은 중요하지 않다고 생각했다. 오직 옳고 그른 것을 구별하여 제대로 된 정치를 함으로써 백성들이 행복하게 살게 되기를 원한 것이다.

이를 위해 순열은 여러 가지 정책을 건의했지만 채택받지 못하자 그 내용을 《신감(申鑒)》이라는 책으로 남겼다. 《신감》에서 그는 정치를 잘하기 위해 물리쳐야 하는 네 가지 걱정거리와 다섯 가지 숭상해야 할 것에 대해 말하고 있다.

《신감》에서 말하는 네 가지 우환은 거짓과 풍속의 문란, 개인을 위해 법도를 무너뜨리는 것, 방탕하여 본래의 궤도를 벗어나는 것, 사치스러움으로 제도를 무너뜨리는 것이다.

다음으로 순열이 지적한 정치를 잘 하는 방법 다섯 가지를 살펴보자. 첫째로 농경과 잠상을 흥하게 하여 백성들의 삶을 부양하는 것이다. 둘째는 선하고 악함을 심사하여 그 풍속을 바로잡는 것이고, 셋째는 학문과 교화를 널리 알려 덕화를 밝게 하는 것이다. 넷째는 군비를 세워 위엄을 잡는 것이며, 다섯째는 상벌을 밝혀 법도를 통솔해야 하는 것이다.

명나라 말기의 사상가이자 역사가인 황종희는 조국인 명나라가 만주족의 청나라에게 망하자 나라가 망하지 않는 방책을 연구하여 《명이대방복(明夷待訪錄)》이라는 책으로 남겼다.

《주역》에서는 '해가 아직 뜨지는 않았으나 곧 뜰 상태'를 말하는 '명이괘(明夷卦)'가 있다. 이와 같은 시대에 장차 성인이 나타나 자기에게 정치의 방법을 물을 것에 대비하여 그 방략을 기록한다는 것이 황종희가 밝힌 《명이대방록》의 의미다.

역사가는 과거에서부터 자기가 살고 있는 시대까지 인간이 살아온 모습을 보기 때문에 이를 바탕으로 앞으로 살아가는 데 필요한 것들을 제시할 수 있는 능력을 갖추게 된다. 그런 의미에서 순열이 쓴 《신감》과 황종희가 쓴 《명이대방록》은 미래의 삶에 대한 역사적 지침서라 할 수 있다.

065
난세를 다스리기 위한
중장통의 《창언》

후한의 헌제 시절은 조조가 전권을 좌지우지했고, 유비와 손권을 비롯한 많은 영웅호걸들이 각자 자기가 확보한 영역을 넓히고자 노력하던 시기였다. 말 그대로 군웅할거의 시대이자 한 치 앞도 내다볼 수 없는 난세 중의 난세였다고 할 수 있다.

이때 산동 지방에 중장통이라는 사람이 있었다. 그는 이리저리 떠돌아다니며 공부를 하다가 산서 지역에 있는 병주까지 가게 되었다. 병주자사 고간은 중장통을 잘 대접하면서 앞으로 세상이 어떻게 돌아갈 것인지에 대해 물었다. 그 역시도 난세의 영웅이 되고 싶었을 것이므로 중장통에게 나아갈 방향을 물어 어떻게 행동할 것인지 결정하려 했던 것이다.

중장통이 고간에게 말했다.

"그대는 웅대한 뜻을 가졌으나 큰 재능이 없고, 선비를 좋아하지만 사람을 가릴 줄 모르오. 이 점을 깊이 훈계하는 바요."

큰 뜻을 갖는다면 그것을 뒷받침하는 재주를 가져야 하고, 그 뜻은 혼자 이룰 수 없으니 함께 할 사람을 가려서 볼 수 있는 안목이 필요한 것이다. 고간은 조조의 공격을 받았을 때 자기 힘으로 막을 수 없게 되자 흉노에게 원조를 요청했다. 하지만 흉노는 이를 받아들이지 않았고, 고간은 결국 붙잡혀 참수되었다.

후에 중장통은 순욱의 천거로 상서랑이 되었는데 난세를 다스리는 의견을 밝혀 《창언(昌言)》을 저술했다. 여기에 나온 중장통의 역사를 보는 시각을 살펴보자.

"호걸이라 해도 처음부터 천명을 받은 것이 아니라 전쟁을 하거나 지혜를 가지고 다투게 된다. 일어날 때는 전쟁으로 시작하지만 끝까지 가려면 다른 사람이 대적할 수 없는 지혜를 갖추어야 한다."

이것은 창업 주군에 대한 말이다. 창업 주군을 이은 후손은 우매하더라도 어지간하면 잃어 버리지 않는다. 자기가 우둔하더라도 똑똑하고 용감한 사람을 부릴 수 있게 되므로 우매한 후계자는 천하에 감히 자기와 다툴 자는 아무도 없다고 생각한다.

여기에 이르면 이 후계자는 간악하고 아첨하는 사람을 가까이 하고, 자기를 즐겁게 하는 자만 좋아하여 그들에게 아낌없이 모든 것을 내려준다.

그리하여 결국 자기 옆에는 자기 한 몸밖에 모르는 사람들로 가득 차게 되고, 천하의 백성들은 고통에 빠져 원망의 소리가 독기가 되고, 외적이 침입하여 백성들의 삶이 이어지지 못하게 된다. 이렇게 되면 운수는 이동하고 대세는 사라진다. 그럼에도 불구하고 그는 이런 일이 일어나는 이유를 모른다.

　사회가 혼란한 상황을 표현하는 말로 '와해(瓦解)'와 '토붕(土崩)'이라는 단어가 있다. 와해는 기왓장이 깨지는 것이고, 토붕은 흙이 무너지는 것을 말한다. 무너지는 사회는 와해의 단계를 지나 토붕의 단계로 들어가는데 여기에 이르면 더 이상 걷잡을 수 없는 지경이 된다.

　운수는 스스로 만드는 것이다. 자연의 흐름을 제대로 파악하여 그 흐름을 따라가면 운수는 대통하지만, 자연의 흐름을 거역하면 역풍을 만나게 된다.

　그렇다면 자연의 흐름은 어떻게 정확히 볼 수 있는가? 자신의 분수를 제대로 알고, 욕심에 눈이 멀지 않도록 해야 한다. 분수를 모르거나 욕심에 눈이 어두워지면 자신의 행동이 자연의 흐름에 순응하는 것인지, 역행하는 것인지를 파악하지 못한다.

　일이 제대로 풀리지 않는다면 눈을 감고 조용히 앉아 중장통이 고간에게 한 말들을 생각해 볼 필요가 있다. 재주도 없는데, 엉뚱한 꿈을 꾸고 있는 것은 아닌가? 주변의 사람들을 제대로 보고 있는가? 그들이 듣기 좋은 말만 하는 아첨꾼은 아닌가? 《주역》에서는 '서리가 내리면 그 다음에는 물이 단단히 어는 겨울이 올 것을 안다'고 했으니, 이 말을 새겨들을 일이다.

후한시대 58 (208년~213년)

우리에게도 익숙한 위·촉한·오의 삼국지 이야기에서는 유비가 가장 덕스러운 사람으로 그려져 있다. 그런데 나관중이 지은 《삼국지연의》가 주자학의 입장에서 혈통주의를 내세워서 유비를 중심으로 저술되어 있다는 사실을 알고 있는 사람은 그리 많지 않다.

실제로 유비는 보잘 것 없는 세력을 거느리고 이리저리 쫓겨다니는 신세였다. 그에게는 조조처럼 조정을 움켜쥐고 황제를 조정하는 힘도 없었고, 강남 지방의 토호였던 손권과 같은 기반 세력도 없었다.

이처럼 유비보다 더 큰 세력을 갖고 있는 사람들이 많았음에도 불구하고 그가 촉으로 들어가 나라를 세우고 위·오와 더불어 맞서는 세력이 된 데에는 절대적인 이유가 있다. 우선은 제갈량이라는 참모와 관우, 장비라는 걸출한 인재를 얻은 것이 가장 큰 이유였는데, 이들을 얻게 된 것은 바로 그가 지닌 덕 때문이었다.

208년 유비는 형주에 근거를 둔 유표와 동맹을 맺고 있었다. 유표가 죽자 그의 아들 유종은 유비가 조조를 막을 수 없다고 판단했다. 설혹 유비가 조조를 막는다 하더라도 자기 밑에 있을 것 같지는 않았다. 그래서 유종은 유비에게 말 한 마디 없이 조조에게 자진해서 복종하기로 마음먹었다.

이상하다고 눈치를 챈 유비가 유종에게 물으니 유종은 부하인 송충을 보내 전후 사정을 전했다. 유비가 깜짝 놀라 송충에게 말했다.

"너희들이 이런 일을 만들고도 아무 말 하지 않다가 조조가 내려오는 시급한 순간에 이 사실을 알리니 너무 심하지 않은가. 지금 네 목을 베어도 분함을 풀기에 부족하지만 이별하면서 죽이는 것도 부끄러운 일이니 내가 참겠다."

유비가 사람들을 불러 대책을 의논하니, 어떤 사람이 유종을 공격하자는 의견을 냈다. 하지만 유비는 이에 반대했다.

"유종의 아버지 유표가 자기 아들을 내게 부탁했는데, 신의를 등지고 나만 살자고 그렇게 할 수 없다."

유비는 형주를 떠나기 전 유표의 묘를 찾아 눈물을 흘리며 인사했다. 형주에 있던 많은 사람들이 유비를 따라 나섰는데, 그가 당양에 도착할 즈음 뒤따르는 무리가 10만이나 되었다.

이들은 군사가 아니라 남녀노소를 불문한 민간인들이었으므로 각자 피난 보따리를 짊어지고 따라오는데 하루에 10리를 가기도 힘들었다.

이런 상황이 답답해진 어떤 사람이 말했다.

"한시라도 빨리 가서 강릉을 지켜야 하는데, 이 많은 백성을 모두 다 데리고 가다가는 금방 조조의 추격군에게 붙잡힐 것입니다."

이 말을 들은 유비가 대답했다.

"큰일을 잘 넘기려면 반드시 사람을 근본으로 삼아야 하는데, 어찌 나를 따르는 이들을 차마 버리고 가겠는가?"

결국 유비는 뒤쫓아온 조조의 기병에게 패하고 만다. 어찌 보면 패하지 않아도 될 일을 패한 셈이며, 패할 줄 알면서도 패한 것이나 다름없는 일이었다. 이렇게 전투에서는 패했지만, 유비는 천하의 모든 사람들에게 그는 사람을 버리지 않는다는 믿음을 주었다. 이것이 훗날 아무런 토대도 없는 그가 조조와 맞서는 세력으로 성장할 수 있었던 비결이다. 이에 대하여 역사가 습착지는 이렇게 평가했다.

"유비는 비록 좌절하고 험난했으나 신의에는 더욱 밝았으니, 형세가 긴급하고 일이 위태로워도 말을 하면서 도를 잃지 않았다. 유표의 옛날 은혜를 추념하니 삼군을 인정으로 감동시켰고, 대의를 따르는 선비를 사랑하여 기꺼이 실패를 자처했다. 그러니 끝내 대업을 이룬 것이 마땅하지 않은가."

067
아내조차 지키지 못한 헌제

후한시대 59 (214년~216년)

한나라 황제 가운데 가장 불행했다고 할 수 있는 헌제는 아이러니하게도 한나라 역사를 통틀어 가장 오랫동안 황위에 있었던 황제 가운데 한 사람이기도 하다. 전한과 후한을 통틀어 30년 이상 재위했던 황제는 전한시대의 무제와 후한을 건국한 광무제 유수, 그리고 한나라의 마지막 황제인 헌제, 이렇게 세 사람밖에 없다.

헌제는 30년 동안 황제의 자리에 있었다. 하지만 황제의 자리에 오래 머물렀을 뿐 제대로 된 황제 노릇을 해 본 적이 없다.

장안을 탈출한 황제를 구원한 후 권력을 잡게 된 조조는 도읍지 낙양을 버리고 자신의 근거지인 허에 궁을 짓고 헌제를 옮겼다. 그리고는 황제의 최측근에서 시중들며 호위하는 사람을 모두 자기 사람으로 채우고, 조언이 헌제에게 충언하려 하자 지체 없이 그를 잡아 죽였다. 오죽하면 예의를 차려 황제를 알현하러 들어온 조조에게 헌제는 은혜를 베풀어 자신을 그냥 내버려두어 살려 달라고 읍소할 정도였다.

그래도 황제의 자리는 대단한 것이어서, 조조는 헌제를 알현할 때마다 등에서 땀이 흘렀다. 한나라에서는 삼공이 황제를 알현할 때는 천자를 호위하는 날쌘 무사들이 칼을 쥐고 삼공을 좌우에서 끼고 가도록 법으로 정해져 있었기 때문이다.

헌제의 궁궐을 자기편으로 쫙 깔아 놓았음에도 불구하고 칼을 쥔 무사들이 자기를 끼고 들어간 후 좌우에 쭉 늘어선 상황에서는 조조로서도 겁이 나지 않을 수 없었다. 그 후로 조조는 두 번 다시 황제를 알현하러 들어가지 않았다.

조조는 헌제가 아끼는 동 귀인의 아버지인 동승(董承)을 죽이고, 동 귀인에게 스스로 목숨을 끊을 것을 명했다. 헌제는 귀인이 임신했으니 살려달라고 애원했지만 소용이 없었다. 황제가 자기 여자조차 지키지 못하는 상황이었던 것이다.

이런 상황을 본 복 황후는 두려웠다. 기댈 곳이라고는 친정아버지뿐이라고 생각한 복 황후는 아버지 복완에게 조조를 도모해 달라고 부탁했다. 복완은 용기가 없어 발동하지 못했는데, 그만 이 일이 누설되고 말았다.

화가 난 조조는 어사대부 치려에게 복 황후의 인새와 인수를 거두게 함으로써 황후 자리에서 물러나게 했다. 그리고 상서령 화흠으로 하여금 황후를 체포하게 하니, 화흠은 벽장문을 부수고 그 속에 숨어 있던 복씨를 끌어냈다.

외전에 있던 헌제는 머리를 풀어헤친 채 맨발로 끌려 나가는 복 황후와 마주쳤다. 복 황후가 헌제에게 외쳤다.

"폐하, 신첩이 다시 살 수 있겠습니까?"

"내 생명도 언제까지인지 알 수 없다오."

안타깝게 황후를 보낸 헌제가 치려에게 말했다.

"어찌 천하에 이런 일이 있단 말이오?"

조조는 복 황후를 병에 걸린 궁중의 여자들을 모아놓은 폭실로 보내 유폐시켰다. 결국 복 황후는 이곳에서 죽었고, 그녀가 낳은 두 아들도 모두 짐독으로 살해되었으니 이와 더불어 죽은 복씨 일가가 100여 명이었다.

유비의 칭제와 주희의 정통론

후한시대 60 (217년~219년)

한 왕조는 왕망의 등장, 십상시의 발호, 황건적의 등장 등으로 기울어지고 새로운 세력인 조조에 의해 장악되었다. 그리고 조조의 아들인 조비 대에 와서 한나라의 마지막 황제인 헌제로부터 선양받아 위 왕조가 세워진다. 새로운 왕조를 세우는 정식 법적 절차를 마친 것이다.

조조와 경쟁하던 촉한의 유비는 이 일에 찬성하지 않았다. 유비는 조비가 강압으로 헌제에게 황제의 자리를 내놓도록 했으므로 선양이 아닌 찬탈로 보았다. 촉한에서는 조비가 헌제를 해쳤다는 소문까지 돌았기 때문에 유비는 유씨인 자신이 한나라의 정통을 이어받아 황제가 되어야 마땅하다고 주장하며 스스로 황제를 칭했다.

여기에는 두 가지 쟁점이 있다. 첫째는 헌제가 조비에게 선양한 절차가 불법인지 아닌지의 문제이고, 둘째는 천하는 언제나 유씨의 세상이어야 하는지의 문제다. 이러한 논의에서 누가 더 천하를 더 편안하게 살기 좋은 세상으로 만드는가 하는 문제는 빠져 있다.

후세에 이르러 주자학이 온 세상의 지도 이념이 된 이후로 조비가 선양받은 것은 잘못이고, 유비가 후한의 뒤를 이어야 한다고 생각하는 사람이 많아졌다. 지금의 관점으로 생각하면 코미디가 아닐 수 없다. 어찌하여 천하는 마르고 닳도록 유씨가 황제 노릇을 해야 한단 말인가.

주자학을 정리한 주희는 남송시대의 사람이다. 여진족이 세운 금나라가 중원 지역으로 내려와 북송의 마지막 황제인 휘종과 흠종을 포로로 잡아가면서 북송은 멸망했다.

땅도 뺏기고 황제도 잡혀간 북송에서 지방에 가 있던 제후왕이 송나라의 재건을 내세우고 스스로 황제가 되어 절강성 임안에 왕조를 꾸렸는데 이것이 남송이다. 그리고 중원 지역을 차지한 나라라는 뜻으로 중국이라는 이름을 쓰며 정통을 자처했는데, 막상 중원 지역은 금나라에 빼앗겼고 국력도 형편없이 약해졌다.

이렇게 중국의 정통이라고 내세울 만한 것이 아무것도 없는 시기에 주희가 살았다. 중국의 정통이 되려면 전국을 통일하고 전 왕조로부터 선양을 받으며 올바른 정치를 해야 한다는 이론적 뒷받침이 성립되어야 한다. 또한 상생론이나 상극설에 근거한 자연 질서에 부합해야 했는데 남송은 그 어느 것에도 맞지 않았다.

오히려 중원 지역을 차지한 것은 금나라이고, 세력도 가장 강했다. 북송의 황제를 잡아간 이상 북송의 것을 차지하는 것도 당연한 국제적 질서였다. 송나라를 세웠던 조씨의 후손이 남송을 세웠다고는 하지만, 사실상 남송이 중국에서 정통을 이어받았다고 주장할 근거는 별로 없었다.

이런 현실 속에서 주희는 새롭게 혈통의 중요성을 강조했다. 혈통을 계승한 것이 정통이라는 것이다. 이것이 주자학이 혈연을 강조하게 된 이유다.

주희가 《자치통감》을 축약한 《자치통감강목》을 써서 유비에게 정통성을 부여한 후로부터 주자학이 들어간 곳마다 어김없이 혈연주의가 강조되었다. 여기에는 스스로 왜 멸망하게 되었는지에 대한 반성이 없다. 반성이 없으니 스스로 강해질 방법도 찾을 수 없었다.

반면 사마광이 쓴 원본 《자치통감》에서는 공정하게 위나라를 중심으로 당대의 역사를 기술하고 있다. 이것이 역사를 보는 올바른 태도다.

삼국
위시대

자치통감 권069~자치통감 권078
220년~264년(45년간)

三國
魏時代

三國 魏時代

삼국 위시대

　중국의 삼국시대로 불리는 시기는 220년부터 264년까지에 해당하는데, 《자치통감》에서는 위기(魏紀), 즉 위(魏)나라 시대의 역사로 기록되어 있다. 《자치통감》 권69부터 권78까지의 내용에서는 조조의 아들인 조비가 후한 헌제로부터 선양받아 위나라를 건국하는 내용과 유비의 촉한·손권의 오가 독립하여 황제를 칭하게 되는 과정, 이로써 위·촉한·오의 세 나라가 벌이는 각축전으로 이어진다.

　이처럼 중국의 삼국시대는 위나라의 주도로 전개되었지만, 위나라의 2대 황제인 명제 조예가 죽은 후 사마씨가 쿠데타를 일으켜 위나라의 실권을 장악함으로써 명목상으로만 조씨의 위나라였을 뿐 실제로는 사마씨의 권력으로 유지된 특징이 있다. 사마씨는 후에 진(晉)나라를 건국한다.

　이와 같은 상황에서 유비가 세운 촉한은 265년 위나라의 마지막 황제인 원제 조환에게 항복함으로써 멸망하였다. 사마씨는 이로부터 얼마 뒤 원제로부터 선양을 받아 정식으로 진(晉) 왕조를 건국하였다. 하지만 오나라가 양자강 유역에 여전히 존재하고 있었으므로 삼국시대가 완전히 끝난 것은 아니었다.

헌제의 선양을 받은 위나라 왕 조비

삼국 위시대 1 (220년~222년)

《자치통감》에는 헌제가 조조의 아들인 위나라 왕 조비에게
선양하는 장면이 기록되어 있다. 220년 후한의 마지막 황제인
헌제가 연호를 건안으로 한 지 25년째 되는 해 10월 13일 을묘
일에 고조묘에 가서 제사 지내며, "이제 한나라를 위에 바치겠
다."고 고했다. 그리고 장음을 불러 임시로 어사대부를 맡게 하
여 자기가 갖고 있던 부절(符節), 인새(印璽), 인수(印綬), 조책(詔冊)
을 받들게 함으로써 황제의 자리를 위나라에 선양했다.

이것은 광무제가 후한을 건국한 지 195년 만의 일로, 30년간
한나라 황제의 자리에 있었던 헌제가 조상 대대로 물려 내려온
국업을 조씨 집안에 넘기는 일이었다. 그때까지만 해도 조비는
형식상 헌제의 제후인 위왕이었으므로 편지를 올려서 세 번 사
양했다. 하지만 헌제로서는 조비의 사양하는 말을 그대로 믿지
도 않았고 믿을 수도 없었다.

결국 황제에 등극하기로 한 조비는 헌제가 선양하는 조책을
내린지 16일 만인 10월 9일, 번양에 만든 단에 올라 인새와 인

수를 받고 황제의 자리에 올랐다. 그리고 천지에 제사를 드린 후 산과 내에 제사를 지냈다. 교외에서는 불을 밝히는 요제를 지냈으며, 연호를 황초로 정했다. 이것은 화덕(火德)을 숭상한 후한과 상생한다는 의미로 토덕(土德)의 상징인 황색을 적용한 것이었다.

화덕을 숭상했던 후한은 '낙양(洛陽)'도 '낙양(駱陽)'으로 고쳐 썼다. '낙양(洛陽)'의 '낙(洛)'은 '수(水)' 변에 쓴 글자다. 오행의 법칙에 따르면 '수극화(水剋火)'여서 물이 불을 이기는 것이므로 화덕을 숭상하는 한나라에서는 수(水)변에 쓴 낙(洛)자를 싫어하여 이를 고쳤던 것이다.

이와 같이 수덕에게 멸망할 것을 염려하여 지명까지 고쳤으나, 한나라는 결국 망하고 말았다. 말하기에 따라서는 한나라가 망한 것이 아니라 보다 훌륭한 제왕에게 선양한 것이므로 요 임금이 순 임금에게 선양했고 순 임금이 우 임금에게 선양한 것처럼 이상적인 방법으로 정권 교체를 이루었다고도 할 수 있다. 더욱이 조비가 세 번씩이나 사양하는 편지를 올렸으니 형식상으로는 완벽한 선양의 재현이었다.

아마도 조비는 온갖 미사여구를 동원하여 헌제에게 선양을 사양한다는 편지를 썼을 것이다. 그러나 후세 사람들 가운데 아무도 헌제의 선양을 요순의 선양과 같은 차원으로 이해하는 사람은 없다.

헌제는 더 이상 버틸 수 없는 상황에서 어쩔 수 없이 황제의 자리를 내놓은 것이니 이는 곧 빼앗긴 것과 같다. 조비 또한 훌륭해서 선양을 받은 것이 아니라 오히려 보이지 않는 곳에서 선양을 압박했다고 보는 견해가 대부분이다. 형식적으로 나타나는 모습과 실제적 현실의 상황이 상반된 표리부동한 역사의 한 예라고 할 것이다.

070
제갈량에게 황제가 되어도
좋다고 유언한 유비

중국 역사의 삼국시대에 특별한 기반 없이 등장하는 인물이 유비다. 유비가 이러한 자신의 취약점을 극복하는 방법은 인재를 찾는 것이었다. 장비와 관우를 얻은 후, 유비는 지략을 갖춘 제갈량을 영입하는 데 심혈을 기울였다. 관우와 장비는 형제의 의를 맺으면서 얻었지만, 제갈량을 얻기 위해서는 삼고초려를 해야 했다. 유비가 직접 세 번이나 제갈량의 초당을 찾아가 함께하기를 청했다는 것이다.

헌제로부터 황위를 선양받은 조비가 정식으로 위나라의 황위에 오르자, 유비는 조비가 헌제로부터 황위를 찬탈했다고 주장하면서 한나라는 유씨에 의해 부흥해야 한다는 명분을 내걸고 스스로 황제가 되었음을 선포했다. 이러한 유비의 나라를 촉 지역에 있는 한나라라는 뜻으로 촉한이라 부른다.

유비는 황제가 된 지 3년 만에 병이 들었다. 유비가 죽으면 황위를 물려받을 유선은 나이가 겨우 17세였는데, 어린 나이였을 뿐만 아니라 능력으로 보아도 난세를 헤쳐 나가기가 쉽지 않은 인물이었다.

죽음을 앞둔 유비는 제갈량을 불러 말했다.

"그대의 재주는 조비의 열 배나 되니, 반드시 나라를 안정시켜 끝내 큰일을 완성시키시오."

유비의 첫 말은 촉한을 굳건히 세우라는 부탁으로, 국제 관계에 힘쓰라는 말이었다.

다음으로는 유비는 나랏일에 관해 부탁했다.

"내 뒤를 이을 아들이 보필 받을 만하다면 보필해 주시오. 만약 그럴 만한 재목이 못 된다면 그대 스스로 자리를 차지해도 되오."

유비는 자기의 아들인 유선이 황제의 재목이 되지 않는다면 제갈량에게 스스로 황제의 자리에 올라도 좋다는 말을 하고 있다. 이 말은 말 자체로서 조금도 흠잡을 데가 없다. 나라가 우선이지 아들이 우선이 아니라는 뜻이기 때문이다.

그런데 촉한은 유비가 유씨의 나라를 부흥하겠다는 명목으로 세운 나라이므로 제갈씨가 황제가 되어도 좋다는 말은 이율배반적이다.

원나라 때 《자치통감음주》를 쓴 호삼성은 유비의 유언을 이렇게 평가했다.

"옛날부터 어린아이를 부탁하는 주군 가운데 소열제 유비만큼 분명하고 통달한 사람은 없었다."

사실 유선은 황위를 이어받더라도 모든 권한을 행사할 수는 없었다. 아직 황제로서의 경륜도 없고 능력도 없어 유비가 없는 세상에서는 제갈량 마음대로 할 수 있게 되어 있었던 것이다.

유비는 아들 유선을 불러 유언을 남겼다.

"사람이 50세가 되어서 죽는다 해도 요절이라 부르지 않는데, 내 나이 이미 60여 세이니 다른 무슨 한스러움이 있겠느냐? 다만 너희 형제들이 마음 쓰일 뿐이다.

부지런히 하고 또 부지런히 하여라. 악한 일은 작아도 하지 말고, 선한 일이면 작더라도 하지 않으면 안 된다. 오직 현명함과 덕스러움만이 사람들을 복종시킬 수 있다.

네 아비의 덕은 얕으니 본받기에는 많이 모자란다. 너는 승상과 더불어 일을 해 나가되 그를 아버지처럼 섬겨라."

보통은 황제가 되면 황제로서의 권한을 가지고 정치를 잘 하라는 유언을 남길 것인데, 유비는 승상인 제갈량에게 모든 것을 맡기라는 유언을 하고 있다.

유선이 황위에 오른 후 모자라는 행동을 했어도 제갈량은 끝내 황제로 섬기는 일을 다 하였다. 유선이 비명횡사하지 않고 수명을 다한 것은 유비의 유언 덕택인가, 아니면 제갈량의 훌륭한 인품 덕택인가. 쉽게 결론짓기는 어렵지만 그래도 유비의 유언이 자식을 지키는 데 크게 작용했을 것으로 보인다.

삼국 위시대 3 (228년~230년)

촉한의 유비가 죽은 후 여러 해가 지나도록 제갈량은 움직이지 않았다. 위나라의 조비 역시 산악지대로 둘러싸인 촉한을 공격할 엄두를 내지 못했다. 그렇게 몇 년간 조용한 시간이 흘렀다.

드디어 제갈량이 위나라를 공격할 마음을 먹고 회의를 소집했다. 제갈량 밑에서 군사 문제를 총괄하는 위연은 자오곡을 지나는 험난한 길로 위나라를 공격하여 허를 찌르자는 전략을 내놓았다.

그러나 이 계책이 위험하다고 판단한 제갈량은 안전한 길을 선택하기로 했다. 겉으로는 야곡으로 간다고 하면서 농우를 빼앗는 우회의 방법을 선택한 것이다.

아무런 방비가 없었던 위나라에서는 제갈량이 출동한다는 소식을 듣고 모두가 어찌할 바를 몰랐다. 오히려 황제 조비가 《손자병법》을 내세우며 자신 있게 말했다.

"이것은 적군을 유치하는 결과니 걱정할 필요 없다. 촉한은 약하고 위나라는 강한 데도 그동안 촉한이 산악 지대에 머물러 있어 공격할 수 없었다. 이제 촉한이 제 발로 밖으로 나온다 하니 승리할 수 있지 않은가."

한편 제갈량은 공격의 선봉에 설 사람으로 마속을 선택했다. 유비는 살아생전 마속을 '말이 실제보다 지나친 사람'이라 평가하며 제갈량에게 주의를 환기시킨 일이 있었다. 제갈량은 이러한 유비의 의견에 동의하지 않았던지라, 옛 장수인 위연이나 오의를 쓰지 않고 마속을 선택하여 위나라의 장합과 싸우게 했다.

제갈량의 통제를 벗어난 마속은 행동거지가 번거롭고 소란스러웠다. 행군 중에 병사들이 먹을 물이 확보되어야 했지만 마속은 물가를 버리고 산으로 올라갔다. 산을 내려와서도 마속은 성을 점거하려 하지 않아 결국 장합에게 물 긷는 통로를 끊기면서 크게 패배했다.

더 이상 공격할 방법을 찾지 못한 제갈량은 상황을 적당히 마무리하고 촉한으로 돌아와 마속을 하옥시켰다가 죽였다. 그리고는 스스로 마속의 제사에 참석하여 눈물을 흘리고 마속의 아이들에게 은전을 베풀며 길러 주었다.

이를 본 장완이 제갈량에게 말했다.

"옛날에 초나라와 싸워 이긴 진나라의 문공이 여전히 얼굴에 근심을 띄우며 말하기를, 이번에는 우리가 이겼지만 초나라에 성득신이 살아 있는 한 우리의 재난은 끝난 것이 아니라고 했습니다.

그런데 초나라에서는 성득신에게 패전의 책임을 지워 죽였습니다. 이 이야기를 들은 진나라의 문공은 뛸 듯이 기뻐했습니다.

마속이 비록 실패했다 하더라도 우리의 입장에서는 한 사람이라도 아쉬운 상황입니다. 그런데 유능한 사람을 죽였으니 이는 적이 기뻐할 일이요, 우리에게는 어찌 슬픈 일이 아니겠습니까?"

이런 말을 들어도 제갈량은 자기의 잘못을 몰랐다.

제갈량은 적을 제압하려면 법률을 분명히 시행해야 하며, 법률이 시행되지 않으면 이 난국을 타파할 방법이 없다고 굳게 믿었다. 그래서 마속이 유능하다지만 실패하고 말았으니 그에 대한 처벌은 당연하다고 생각한 것이다.

결국 제갈량은 평야 지대인 위나라를 공략하는 데 성공하지 못한다. 오히려 훗날 사마의와의 대결에서 제갈량은 죽음을 맞이한다.

역사적 인물 중에서 지혜로운 사람을 꼽으라면 열에 일고여덟은 제갈량을 으뜸으로 꼽는다. 하지만 그의 사람 보는 안목은 유비만 못했고 판세를 읽는 안목은 장완만 못했으니 적을 위해 나의 사람을 죽이는 어리석음을 범했다. 마속을 선봉으로 세운 것은 사람을 잘못 본 것이고, 실패했다는 이유로 그를 죽인 것은 결과적으로 위나라의 조비를 위한 일이 되어 버린 것이다.

072
사마의의 사는 방법과
제갈량의 죽는 방법

《삼국지》에서 제갈량의 전술을 가장 극적으로 평가한 말이
있다.

"죽은 제갈량이 산 사마의를 이겼다."

이 말은 《자치통감》에도 실려 있다. 그러나 결과적으로는 제
갈량은 죽었고, 촉한은 사마의가 있는 위나라에 멸망한다.

234년 8월, 제갈량과 사마의는 이미 100일 동안 대치하고 있
었다. 사마의가 성을 굳게 사수하며 나오지 않으니 싸울 수가
없었던 것이다. 통상적으로 공격하는 군사력은 방어하는 군사
력의 3배 이상이 되어야 하므로, 아무리 신출귀몰한 제갈량이라
하더라도 성 안에 도사리고 있는 사마의를 어쩔 수가 없었다.

제갈량은 한 가지 꾀를 냈다. 사마의를 모욕하여 자극함으로
써 나와 싸우도록 유인하는 것이었다. 제갈량은 사마의에게 부
인들이 사용하는 머리쓰개와 옷을 보냈다. 너는 사내대장부가
아니니 내가 보내주는 여자 옷이나 입으라는 뜻이었다. 제갈량
에게 공개적인 모욕을 당한 사마의는 화를 내며 황제에게 싸우

게 해 달라는 표문을 올렸다.

하지만 사마의의 행동은 남에게 보이기 위한 형식적 태도였을 뿐이었다. 전방에 있는 장군이 정말로 싸우려 한다면 바로 나가서 싸우면 될 일이었다. 구태여 천리 밖에 있는 황제의 허락을 받을 필요가 무엇이겠는가. 제갈량 역시 사마의가 자기와 싸울 뜻이 없다는 것을 알아차렸다.

제갈량은 사마의의 진영으로 사자를 보냈다. 제갈량의 사자를 만난 사마의는 전쟁에 관한 것은 한 마디도 묻지 않고, 엉뚱하게도 제갈량의 일상생활에 대해 물었다. 군사에 관한 일이야 기밀이겠으나 일상생활에 관한 이야기는 거리낄 것이 없었다. 제갈량의 사자는 잔뜩 자랑을 늘어놓았다.

"제갈공께서는 아침에 일찍 일어나시고 저녁에 늦게 주무시는데, 하루에 20판 이상의 징벌 문제를 모두 친히 살펴보십니다. 드시는 양은 몇 승에 이르지 못합니다."

여기서 '판(板)'이란 종이가 귀하던 시절에 일반적으로 공문서를 쓴 목간의 단위를 이르는 말이다. 매일 목간 20판이라는 산더미 같은 서류를 검토했으니 제갈량은 대단히 부지런한 사람이었다. 또 '승(升)'은 곡식의 양을 재는 그릇을 의미하는데, 사마의는 제갈량이 적은 양밖에 먹지 못한 것을 알게 되었다.

전술에 능한 제갈량은 죽어서도 사마의를 이겼는지는 몰라도 일상생활에서는 자기관리를 못한 사람이었다. 그는 촉한의 기둥이었다. 관우와 장비도 죽고, 유비도 죽은 마당에, 놀기 바쁜 유선이 황제로 있으니 나라의 운명이 제갈량에게 걸려 있음에도 불구하고 자기 몸을 학대하고 있었던 것이다.

제갈량의 사자를 돌려보낸 후 사마의가 말했다.

"제갈공명은 밥은 적게 먹으면서 일은 많이 하고 있으니, 그가 능히 오래 버틸 수 있겠소?"

사마의의 말은 적중했다. 제갈량이 병이 들고 위독해지자 촉한에서는 난리가 났다. 누가 제갈량 뒤를 이어 승상을 맡아야 할 것인가. 상서복야 이복이 급하게 제갈량을 문병했으나 차마 물어야 할 말을 묻지 못하고 그냥 돌아갔다.

이복이 며칠 뒤 다시 제갈량을 찾아가니, 제갈량이 그 뜻을 알고 스스로 장완과 비의를 추천한 후 죽었다. 이렇게 죽은 제갈량이 산 사마의를 이겼지만, 그렇다 한들 그가 다시 살아나는 것은 아니었으니, 국가 백년대계를 위해 과연 무엇이 더 현명할 것인가.

073
명제의 노여움을 푼 노육

헌제에게 선양받아 위나라를 세운 조비가 7년 만에 죽자 그 아들 조예가 황제로 등극했다. 명제 조예는 할아버지 조조나 아버지 조비와는 달리 사치를 좋아하여 무리한 궁궐 공사를 이어나갔다. 많은 신하들이 이에 대해 간언했지만, 명제는 기뻐하지 않았다.

그때 하늘에 혜성이 나타났다. 사람들은 이것이 하늘의 경고라고 생각했다. 고당륭이 상소를 올렸다.

"무릇 제왕이 도읍을 옮기고 성읍을 세울 때는 먼저 천지와 사직의 위치를 확정하고 공경하며, 공손하게 이를 받들어야 합니다. 장차 궁실을 건축하려면 종묘 짓는 것을 가장 먼저 하고, 다음으로 마구간과 창고를 세우고, 거실은 뒤에 가서 만들어야 합니다.

지금 원구(圜丘)·방택(方澤)·남북교(南北郊)·명당(明堂)·사직(社稷)의 각 신위(神位)가 아직 확정되지 않았고, 종묘의 제도도 예법에 맞게 되지 않았는데, 거실을 높고 화려하게 장식하여 병사와 백성들이 본업에 종사할 수 없게 되었습니다.

밖에 있는 사람들이 이르기를, 궁중에 사는 여인에게 들어가는 비용과 나라와 군대에 들어가는 비용이 대략 비슷하다고 하는데, 백성들은 명을 감당할 수 없어 모두가 원망하고 분노하고 있습니다.

오늘날 궁실을 지나치게 성대하게 지었으니, 하늘에서 혜성이 환하게 비추는 것이며, 이는 자애로운 아버지께옵서 간절하게 교훈하시는 일입니다. 마땅히 효자가 기도하고 공경하는 예의를 숭상하시고, 이를 소홀히 하여 하늘의 노여움을 거듭 나타나게 하지 마소서.

《서경》에 이르기를, 하늘이 총명한 것은 백성의 총명한 것으로부터이고, 하늘이 밝고 두려움이 있는 것은 백성의 밝고 위엄 있는 것으로부터라 하였습니다. 하늘이 상과 벌을 내리는 것은 백성의 말을 좇고, 백성의 마음에 순응하여 나타내는 것입니다.

무릇 다듬지 않은 서까래와 낮게 지은 궁실은 고대의 임금인 도당씨 요 임금과 유우씨 순 임금이 내리신 황실의 기풍이고, 옥으로 만든 대와 구슬로 장식한 집은 하나라의 걸왕과 상나라의 신 임금이 높은 하늘을 범접한 죄입니다.”

고당륭은 명제가 사치하면 나라가 망할 수도 있다는 충성스런 간언을 했다. 이 말을 들은 명제는 기뻐하지 않았다. 자칫 올바른 말을 하던 충신이 변을 당할 수도 있는 상황이었다. 시중

노육이 나아가 말했다.

"신이 듣건대 임금이 밝으면 신하가 곧다고 합니다. 옛날의 성스러운 제왕은 오히려 자신의 허물을 듣지 못할 것을 걱정했으니 신들이 고당륭에 미치지 못합니다."

노육은 고당륭의 간언은 밝은 황제인 명제가 있기 때문이라며 명제를 칭찬했다. 그제서야 명제는 노여움을 풀었다.

노육은 명제를 칭찬하는 척하면서 고당륭의 말이 옳다고 했는데 과연 명제는 이 말의 내용을 알고 노여움을 푼 것인지, 아니면 그저 밝은 임금이라는 말에 도취해서 노여움을 푼 것인지는 모를 일이다.

074
무능한 황제 유선과 촉한의 운명

삼국 위시대 6 (238년~245년)

촉한을 세운 유비의 아들 유선은 제왕의 자질은 없었지만 아버지를 이어 황위에 올랐다. 황제는 철이 없었지만 아버지 유비가 뽑았던 인물들은 여전히 촉한의 조정에 자리잡고 있었다. 대장군 장완이 제갈량의 뒤를 이어 일을 처리했지만 세월이 흐르자 그 역시 병이 들어 자기의 업무를 상서령 비의에게 맡기게 되었다.

상서령 비의는 그동안 행정 업무를 총괄했었다. 촉한은 아직도 오·위와 전쟁을 치르는 상황이었으므로 업무가 산같이 쌓였다. 비의는 판단력이 좋고, 문서를 살피는 속도도 놀라울 정도로 빨랐으며, 기억력도 대단했다. 그래서 아침저녁으로 잠깐씩 업무를 보고 중간에는 빈객도 접대하고 놀이도 즐기며 업무를 잘 처리했다. 그랬던 그가 이제는 장완이 일을 할 수 없게 되자 장완의 일을 맡아야 했으므로, 비의는 부관 동윤에게 자신이 맡았던 상서령 업무를 넘겨주었다.

동윤은 비의처럼 일해 보려고 했지만 도저히 따라갈 수 없었다. 열흘 동안 비의처럼 일을 해 보았는데 자꾸만 업무가 뒤틀리자, 동윤은 자기의 능력이 모자라는 것을 인정하고, 하루 종일 쉴 틈 없이 일에 몰두하여 어느 정도 업무를 꾸려 나갔다.

동윤은 최선을 다하여 충성하며 공정하고 밝게 일을 처리했다. 위로는 황제인 유선을 엄하게 규제했고 아래로는 간사한 환관 황호를 자주 나무라니 국정이 제대로 돌아갔다. 이런 이유로 황제 유선은 엄격한 동윤을 꺼려하고 간사하지만 총명한 환관 황호를 무척 아꼈다.

동윤이 죽고 상서령이 여예에게 맡겨지자 황호가 서서히 본색을 드러내가 시작했다. 원래 비상한 재주를 지닌 비의는 동윤이 죽자 재주 많은 진지를 시중으로 삼았다. 비의는 진지가 위엄 있는 용모를 갖추었고 기예도 많았으며 지혜와 술수도 뛰어나 대단히 똑똑하다고 생각했기 때문에 특별히 천거했다.

그런데 이것이 문제였다. 재주꾼 진지와 환관 황호가 안팎으로 있게 되면서 황호가 정치에 간여하기 시작한 것이다. 중상시까지 올라간 황호는 위엄의 칼자루를 휘둘렀다.

한편 시중 진지는 유선에게 아부하고 영합하면서 황제의 총애를 받으려 했다. 이때 황호가 황제 곁에서 말을 얽어내어 죽은 동윤을 헐뜯고 진지를 옹호했다. 황제는 동윤이 자기를 가볍게 보았다고 여기고 원망을 쌓아나갔다. 그리고 자기에게 아부하는 진지와 황호가 정말로 자기를 위하는 사람이라고 생각했다.

이와 같이 황제·환관·시중이 개인의 이해관계를 우선으로 하여 국정을 처리하게 되었으니 나라 꼴이 제대로 될 수 없을 터였다. 오나라와 위나라의 틈바구니에서 더 이상 국력을 신장시키지 못한 촉한은 결국 위나라에 항복하는 운명으로 끝이 났다.

쿠데타를 일으킨 사마의

위나라 명제 조예가 죽은 후 그의 어린 조카 조방이 황제로 등극하면서 위나라의 권력은 국성을 가진 대장군 조상이 쥐게 되었다. 조상은 모든 군사권을 휘어잡고 조조 시절부터 대전략가로 활약했던 사마의를 배척했다. 사마의는 높은 지위에서 제갈량과 싸웠던 영웅이었지만 이제는 한낱 뒷방 신세를 지는 처지가 되었다.

조상은 수족 같은 하안 등과 제멋대로 술을 먹고 사치하며 아무런 거리낌 없이 형제들과 함께 밖으로 놀러 다니기도 했다. 환범이 조심하라고 충고했지만 듣지 않았고, 정사를 멋대로 처리했다.

서로 경계를 맞대고 있는 청하와 평원은 관할 지역의 경계를 두고 오래 다투고 있었는데, 조상은 증거를 들이대는 손례가 자신을 원망한다고 생각하여 그를 탄핵하고 5년 형을 주었다. 손례가 사마의를 찾아와 억울함을 호소하자, 사마의는 참을 수 없는 분노를 느꼈지만 겉으로는 모른 척했다.

조상 쪽에서도 아무런 움직임을 보이지 않는 사마의에게 신경을 곤두세우고 있었다. 조상의 패거리인 이승은 형주자사로 나가면서 태부 지위를 갖고 있는 사마의에게 인사차 들렀다. 이승이 보니 사마의는 한쪽 몸을 못 쓰는 채 하녀의 도움을 받으면서 죽을 마시는데 입에서 죽이 새어 줄줄 흐르고 있었다.

그런 상태에서 이승이 형주자사로 나가게 되었다고 인사를 올리자 사마의는 엉뚱한 말을 했다.

"병주는 흉노와 가까운 곳이니 잘 대처하시오. 그리고 내 아들 사마사와 사마소를 잘 부탁합니다."

병주는 전방이고, 이승이 가는 형주는 중심부인데 사마의는 형주를 병주로 잘못 들은 척한 것이다. 이승이 몇 번에 걸쳐 병주가 아닌 형주라고 하자, 사마의는 그때서야 알아듣는 척했다.

"나이가 먹어 그대의 말을 이해하지 못했구려."

사마의는 이승에게 공로를 세우라는 덕담을 해 주었다. 이승은 조상에게 다음과 같이 보고했다.

"사마 공은 남은 기력을 가지고 마치 시체처럼 살고 있는데, 몸과 정신이 이미 나뉘었으니 염려할 것이 못 됩니다."

조상은 더 이상 염려할 것이 없다고 생각했다.

그런데 다음해에 바로 문제가 생겼다. 249년 소릉여공 가평 원년 정월 초엿샛날 대장군 조상, 중령군 조희, 무위장군 조훈, 산기상시 조언 등 조씨 집안의 중심인 사람들이 모두 소황제를 따라가느라 위나라 수도에는 중요한 인물이 하나도 남지 않았다. 태부 사마의는 황태후의 명령을 받아 성문을 모두 닫아걸고 군사를 챙겨 무기고를 점거한 후 병사로 하여금 낙수의 부교를 점거하게 했다. 황제 일행이 다시는 들어오지 못하게 한 것이다.

사마의는 사도 고유를 불러 대장군의 업무를 수행하게 하고, 태복 왕관에게 중령군의 일을 임시로 수행하게 함으로써 조희의 군영을 점거하게 하였다. 또한 황제에게 대장군 조상이 죽은 명제의 유언을 배반했다는 죄를 상주했다.

이러한 과정을 거쳐 사마의의 쿠데타가 이루어졌고, 위나라의 권력은 사마씨에게 돌아갔다. 이로부터 15년 후 조씨의 위나라는 사마씨의 신(晉)나라로 바뀌게 된다. 조상의 허황된 호기가 사마의의 지혜를 이기지 못했기 때문이다.

중요한 말을 알아듣지 못해 패한 문흠

삼국 위시대 8 (253년~255년)

위나라에서 사마의가 쿠데타에 성공한 후 사마씨는 정권과 군권을 모두 장악했다. 예전에 실권자였던 조상의 총애를 받았던 문흠은 사마의의 아들 사마사의 눈 밖에 나 억압을 당하게 되었다.

날쌔고 용감하기로 이름난 문흠은 정적인 사마사를 토벌하기 위해 오나라와 가까운 수춘에서 군사를 일으키고 관구검을 끌어들였다. 그들은 5~6만의 군사를 거느리고 회하 근처에 있는 항현을 근거지로 삼아 그 주변에서 유격 활동을 벌였다.

사마씨의 쿠데타가 성공한 이후 최대의 위기를 맞게 된 사마사는 왕숙에게 계책을 물었다. 왕숙은 관우가 실패했던 예를 들면서 문흠 등을 궁지에 몰아넣게 했다.

사마사는 이때 눈에 난 종기를 막 잘라낸 시기였지만 문흠의 군사를 토벌하기 위해 직접 나섰다. 동생인 사마소에게는 낙양에 남아 중령군을 거느리고 조정을 지키도록 조치했다.

사마사는 회하 지역으로 나와 남돈을 먼저 차지했다. 남돈은 두 군대 가운데 누가 차지해도 유리한 쟁지였기 때문이다. 이 계책을 낸 것은 왕기였다. 쟁지를 차지한 사마사는 지구전으로 들어갔다.

이런 상황에서 관구검과 문흠은 나아가 싸울 수도 없고, 뒤로 물러나 수춘으로 가려 해도 습격이 두려워지는 진퇴양난에 빠졌다. 그때 문흠의 군대가 있는 곳에 등애와 사마사의 군대가 나타나니 문흠의 군사들은 너무 놀라 어쩔 줄을 몰라 했다.

문흠이 위기에 빠지게 되자, 그의 아들 문앙은 아직 안정되지 않은 사마사의 군대를 밤중에 협공하여 전세를 역전시키려 했는데, 이때 그의 나이는 18세였다. 용맹스런 문앙의 장사들이 북을 울리고 고함을 지르니 사마사의 군대는 벌벌 떨었다. 사마사는 수술한 눈알이 튀어 나왔는데, 다른 사람이 알까봐 두려워 이불이 찢어질 정도로 물어뜯으며 고통을 참았다.

날이 밝자 모두가 나와 상황을 살펴보는데 사마사의 군사가 월등히 많은 것 같았다. 이에 문앙은 군사를 이끌고 자기 진지로 돌아갔다.

조씨 집안의 가노였던 윤대목은 속으로 조씨를 도울 생각을 가지고 겉으로는 사마사를 위하는 척하며 설득했다.

"본래 공의 심복이었던 문흠이 아무래도 다른 사람의 꼬임에 빠져 반란을 일으킨 것 같습니다. 문흠은 저와 같은 고향 사람이니 제가 가서 설득해 보겠습니다."

사마사의 허락을 받은 윤대목은 단신으로 말을 타고 가서 문흠과 밀담을 주고받았다.

"군후께서는 어찌하여 며칠을 참지 못하신단 말입니까?"

지금 사마사의 한쪽 눈이 튀어 나온 상태였으므로 윤대목은 문흠에게 며칠만 참으면 자연히 일이 해결될 것이라고 말하며 그가 자신의 말뜻을 알아차리기 원했다.

하지만 사마사의 사정을 알 수 없는 문흠은 윤대목의 말을 새겨듣지 않고 화만 냈다.

"너는 조씨 집안으로부터 은혜를 입었는데, 어찌 사마사와 함께 반역을 하느냐?"

문흠은 윤대목이 자기에게 군사를 멈출 것을 설득하는 것으로 오해한 것이다. 윤대목은 더 이상 문흠을 설득할 방법이 없었다.

며칠 후 사마사가 허창에서 죽었다. 만약 이때 문흠이 윤대목의 말을 알아들었더라면 패하지 않았을 것이다.

관구검과 문흠이 조씨를 위해 일으킨 군사는 실패했고, 그들은 오나라로 도망하여 항복했다. 위나라에서는 사마씨의 세력이 점점 커지고 조씨를 지킬 세력이 없어지니 마침내 진(晉) 왕조가 세워지게 된다.

사마씨에게 직접 칼을 뽑아든
황제 조모

삼국 위시대 9 (256년~261년)

사마사는 쿠데타에 성공한 이후 소제 조방을 폐위시킨 후, 조모를 데려다 황위에 올렸다. 조모는 총명하고 재능이 빼어났으나 사마씨의 쿠데타 이후 황제의 실권이 사마씨에게 빼앗긴 상황이라 아무것도 할 수 없음을 한탄하고 있었다.

어느 날, 어떤 곳의 우물에 황룡이 나타났다는 보고가 들어왔다. 이 일을 보고한 사람은 길조라고 기뻐했지만, 황제는 이것이 좋은 징조가 아니라고 생각했다. 황제는 답답한 마음을 시로 지었다.

"가련한 용이 외롭고 찬 곳에 처박혀 있구나. 깊은 물속을 뛰쳐나오지 못해 구천을 날 수 없고, 아래로 떨어져 내려와 농사짓는 밭에도 있을 수도 없구나.

가련한 용이 우물 밑에 떨어져 있으니 흙 속의 미꾸라지가 눈앞에서 춤을 춘다. 용이 이빨과 손톱을 숨기고 탄식하고 있으니 나도 이렇게 고생하는 것이로다."

이 잠룡시는 《주역》의 '건괘(乾卦)'를 가져다 쓴 것인데, 힘없는 자신의 처지를 한탄함과 동시에, 황제를 무력화하는 사마씨에 대한 비판을 함께 담고 있다.

하루는 황제가 시중 왕침과 상서 왕경, 산기상시 왕업을 불러 권력자인 사마소를 칠 것이니 함께하자고 부탁했다. 이것은 누가 들어도 불가능한 일이었다. 당시 황제를 지지하는 세력은 어디에도 없었기 때문이다. 군대나 관료 모두 사마소가 관장하고 있었으므로 황제는 마음대로 쓸 수 있는 물자조차 없었다. 황제는 그저 이름만 지닌 허울에 불과했으므로 모두가 안 된다고 반대했다.

이들의 반응에 화가 난 황제는 품에서 자기가 쓴 조서를 꺼내 바닥에 던지며 만용을 부렸다.

"거사했다 죽더라도 무엇이 두렵겠는가?"

황제는 창두와 관동 같은 하인들을 이끌고 스스로 연에 올라 칼을 뽑고 사마소를 치기 위해 궁궐을 나갔다.

이 일은 바로 사마소에게 보고되었다. 사마소의 동생인 둔기교위 사마주가 황제를 막으려고 나갔는데, 주변에서 어찌 황제에게 덤빌 수 있느냐고 나무라자 더는 덤비지 못하고 물러났다. 사마씨의 위기였다.

이때 중호군 가충이 달려와 황제를 막으며 싸웠다. 하지만 황제가 직접 칼을 뽑아들고 싸웠기 때문에 여전히 많은 사람들이 함부로 덤비기가 어려웠다. 결국 사람들이 조금씩 물러나기 시작하니 사마소 측이 곤란해지는 상황이 되었다.

이때 태자사인 성제가 가충에게 물었다.

"사태가 급한데 어찌해야 합니까?"

"사마소가 너희들을 기른 것은 바로 오늘을 위해서다. 무엇을 물어보는가?"

가충이 대답했다. 비록 상대가 황제일지라도 주인인 사마소를 위해 싸우라는 것이다. 성제가 창을 들어 황제를 찌르니 황제는 수레 아래로 떨어져 죽었다.

이렇게 위나라의 4대 황제 조모는 신하의 손에 죽었고, 죽은 후에는 황제로서의 시호도 받지 못했으며 오히려 고귀향공으로 강등되었다.

이후 사마소는 황제를 직접 죽인 성제와 그의 형인 성졸을 죽이는 것으로 일을 마무리했다. 황제가 죽은 것은 자기의 책임이 아니라며 꼬리만 자른 것이다.

조모에 이어 조환이 위나라의 마지막 황제인 원제로 등극했지만, 이제는 위나라 황제가 언제 사마씨에게 선양하느냐의 절차만 남아 있게 되었다. 사마씨가 위나라를 멸하고 직접 나라를 세우겠다는 본격적인 생각을 하게 되었기 때문이다.

078

바보 아버지 유비와 바보 아들 유선

삼국 위시대 10 (262년~264년)

황건의 난을 계기로 한나라가 급격한 혼란에 빠지면서 이를
구원한다는 명목 아래 사방에서 군사가 일어났다. 여기서 최후
까지 남은 세력은 조조와 손권, 그리고 유비였다.

조조는 한나라 조정의 환관과 뿌리를 맞대고 있었고, 손권은
강남 지방에서 오래도록 세력을 누리던 집안의 후손이었지만,
유비는 아무런 배경과 지지 기반이 없었다. 이리저리 쫓겨 다니
기도 하고, 다른 세력 밑에 기식도 마다하지 않으면서 세력을
넓힌 유비는 방어가 손쉬운 촉 지방으로 들어가 자리를 잡았다.
그리고 헌제가 조비에게 선양하자, 스스로 한 왕조를 잇는다는
명분으로 촉한을 세우고 황위에 올랐다.

유선은 유비의 아들이다. 아버지 유비가 전쟁터를 전전하면서
온갖 고난 끝에 나라를 세우고 황제가 되었지만 그의 아들 유선
은 아무런 고생도 하지 않았다. 황제가 된 유비는 조조의 위나
라, 손권의 오나라와 대치하면서 천하를 셋으로 나누어 하나를
차지했고, 이를 아들 유선에게 물려주었다.

유선은 자기 힘으로 이룬 것이 하나도 없는 인물이었다. 곱게 자라며 어려움을 겪어보지 않은 유선이 촉한의 후주가 되었으니, 나라를 지킬 능력이 없는 인물이 황제가 된 것이다. 결국 그를 지탱해 주던 제갈량 등의 명신들이 하나 둘 죽고 나서 촉한은 위나라의 종회와 등애의 공격을 받고 항복해 버렸다. 아버지 유비가 온갖 고초 끝에 세웠고, 43년을 지탱하던 촉한이 망한 것이다.

촉한의 성도에서 붙잡힌 유선은 여러 신하들과 함께 위나라로 이송되었다. 유선이 도착하자 위나라에서는 그에게 안락공이라는 작위를 주었고, 유선을 따라 온 촉한 사람 50명에게도 적절한 작위를 주었다.

당시 위나라의 권력자였던 진왕 사마소는 유선의 인물됨을 알아보고 싶었다. 사마소는 유선을 위한 연회를 베풀면서 촉한의 음악을 연주하게 한 후 유선의 행동을 유심히 살펴보았다. 유선과 함께 연회에 참석한 촉한 사람들은 두고 온 고향 생각과 처량한 포로 신세인 자신의 처지를 떠올리며 눈물을 흘렸지만 유선은 오히려 평상시처럼 웃으며 연회를 즐겼다.

어느 날 사마소가 유선에게 물었다.

"지금 촉한을 생각하고 계십니까?"

"이곳이 너무 즐거우니 촉한은 생각나지 않습니다."

촉한에서 함께 잡혀온 극정이 유선의 대답을 듣고 말했다.

"만약 진왕이 또 묻거든 눈물을 흘리며 먼저 돌아가신 아버지의 무덤이 멀리 촉의 민산에 있으니 마음이 자꾸 서쪽으로 달려갑니다. 하여 슬픈 생각이 안 날 때가 없다고 답하면서 눈을 감으십시오."

후에 진왕 사마소가 다시 유선에게 같은 말을 물으니, 유선은 극정이 가르쳐 준 대로 대답했다. 사마소가 극정이 한 말과 같다고 하자, 유선이 놀라 진왕에게 말했다.

"진실로 어른께서 말씀하신 대로입니다."

이 말을 들은 주위 사람들은 모두 웃었다. 더 이상 유선은 상대할 가치도 없는 바보라는 판단이 선 것이다.

유선에게는 황제의 자리는 너무 무거운 짐이었다. 유비는 천신만고 끝에 나라를 세웠지만 이를 지킬 수 없는 아들에게 황제 자리를 물려준 것이다. 바보 같은 아들에게 자기가 이룩한 것을 다 물려 주어 망하게 한 유비 역시 현명한 아버지는 아니었다.

진시대

자치통감 권079~자치통감 권118
265년~419년(155년간)

晉時代

晉時代

진시대

265년부터 419년까지 155년간 이어진 진(晉)나라의 역사는
《자치통감》 권79부터 권118까지 마흔 권에 기록되어 있다. 위나
라의 권력자였던 사마의의 손자 사마염이 원제로부터 선양받아
진 왕조를 세우고 오나라를 합병하여 후한 이래 오랫동안 분열되
었던 중원을 통일했지만, 북방 흉노족이 남하 하자 남쪽으로 내려
갔다가 망할 때까지의 기록이다.

진나라의 3대 황제인 회제와 4대 황제인 민제는 조나라에 포로
로 잡혀갔는데, 이 때문에 진나라에서는 1년여 동안 황제가 없는
시절을 보내야 했다. 이때 장강 유역에 주둔하고 있던 사마예는 진
왕조를 부흥시킨다는 명목 아래 황위에 오른다. 역사에서는 이를
기점으로 사마예가 황제에 오르기 전까지를 서진이라고 하고, 사
마예가 강남에서 세운 진 왕조를 동진으로 구분하여 부른다.

서진은 52년간 유지하였고, 동진은 103년 동안 유지하다가 송
나라를 건국하는 유유에게 선양함으로써 왕조의 막을 내린다. 동
진 시대부터는 오호(五胡)로 불린 북방의 다섯 종족이 남하하여
세운 16개의 왕조가 번갈아 등장하는데, 이를 통틀어 위진 남북조
시대라고 부른다.

서진시대

자치통감 권079~자치통감 권089
265년~316년(52년간)

西晉時代

西晉時代

《자치통감》 권79부터 권82까지 네 권에는 265년부터 298년까지 34년에 이르는 역사가 기록되어 있다. 위나라의 마지막 황제인 원제 조환으로부터 선양받아 서진을 건국한 무제 사마염은 290년 4월에 죽고, 그 아들 혜제 사마충이 그 뒤를 이어 8년 동안 재위한 기간의 기록이다.

무제는 진 왕조를 세운 뒤 강남 지역에서 독자적인 세력을 유지하던 오(吳)나라를 멸망시키고 후한 헌제 이후 분열된 중원을 통일하는 위업을 달성하며 26년간 재위하다가 아들 혜제에게 황위를 물려 주었다.

작은 원한을 못 이겨
대의를 그르친 손호

　위나라의 마지막 황제인 원제 조환을 폐하고 사마염이 황위
에 올라 진(晉) 왕조를 열었다. 중원 지역에서 무능한 위나라의
조정이 축출되고 사마의로부터 이어 내려온 사마씨 집안에서
정식으로 권력을 잡은 것이다.

　그러자 위·촉한과 함께 중원 지역을 나눠가졌던 오나라로서
는 위기감을 느끼지 않을 수 없었다. 촉한은 이미 위나라 시대
에 멸망했고, 그 위나라가 진 왕조로 바뀐 것이다. 그러니 진 왕
조에서 삼국 가운데 마지막으로 남은 오나라를 정복하려 할 것
은 누가 보더라도 자명한 사실이었다. 이런 마당에 오나라에서
새롭게 권력을 잡은 손호는 잘못 세워진 황제였다.

　손권의 아들인 경종 손휴가 나이 30세에 병이 들었는데, 죽음
을 예상한 그는 승상 복양흥에게 어린 아들 손완을 부탁했다.
손휴가 죽은 후 복양흥은 당시의 정세로 보아 어린 황제를 세우
는 것은 위험하다고 판단하고, 나이든 사람을 황위에 올리기로
결정했다.

그때 마침 누군가 오정후 손호를 추천했다. 손호는 손권의 태자였다가 쫓겨난 손화의 아들이었다. 승상 복양흥과 좌장군 장포가 주 태후에게 여러 번 유세하니, 마침내 주 태후는 어린 아들의 등극을 포기했다. 주 태후가 오나라를 위해 큰 결단을 내린 덕분에 손호는 오나라의 황제가 되었다.

황위에 오른 직후만 해도 손호는 궁핍한 사람을 구제하고 궁녀를 내보내며 황제가 기르던 동물들을 놓아주는 일을 함으로써 화합의 군주라는 칭송을 받았다. 그러나 권력을 움켜쥔 뒤에는 급변하여 거칠고 사나워졌으며 주색에 빠져들었다.

그리고는 오랫동안 마음에 품어두었던 원한을 꺼내어 풀기 시작했다. 아버지 손화가 태자로 있다가 쫓겨나는 과정과 아버지 대신 삼촌 손휴가 황위에 오르는 과정에서 손호로서는 분명 개인적으로 분하고 억울한 일이 있었을 것이다. 묵은 서운함을 가진 손호는 황제로 만들어 준 주 태후를 깎아내려 경 황후로 삼고, 복양흥과 장포를 잡아 죽임으로써 은혜를 원수로 갚았다.

손호는 손권의 급사였던 하정을 신임하여 여러 가지 일을 맡겼다. 그러자 오나라에서 대대로 큰 공로를 세우며 나라의 버팀목 역할을 하던 승상 육개가 나서서 하정을 책망했다. 육개는 하정의 면전에서 정사를 어지럽힌다고 책망했을 뿐만 아니라 행실을 고치지 않으면 예측할 수 없는 화가 미칠 것이라고 경고했다. 또한 황제에게 하정을 궁궐 밖으로 내쫓으라고 간언했다.

육항 역시 손호에게 정세의 어려움을 설명하며 당장 해야 할 일 17가지를 간언했다.

"이와 같은 문제를 생각할 때마다 신은 매번 밤새 베개만 어루만지며 잠을 이루지 못하고, 밥을 앞에 두고도 먹는 것을 잊게 됩니다."

하지만 은혜를 원수로 갚는 손호가 이와 같은 충신들의 간절한 간언을 받아들일 리 없었으므로 오나라는 진나라의 사마염을 막을 길이 없게 되게 되었다. 결국 오나라는 손호가 황위에 오른 지 16년 만에 망하고 말았다. 작은 서운함을 이기지 못하고 대의를 그르친 탓이었다.

080
욕망을 채우기 위해
나라를 망친 가후

서진시대 2 (273년~279년)

진나라를 세운 무제 사마염은 양 황후와의 사이에서 낳은 장남 사마충을 태자로 삼았다. 그런데 무제를 제외한 모든 사람들은 사마충이 어리석고 아둔하여 황제로서의 일을 감당하지 못할 것이라는 사실을 알고 있었다. 당시는 진나라가 위나라를 이어받은 지 겨우 10여 년 되던 시점으로, 나라의 앞날을 생각하는 사람이라면 모두 태자에 대해 걱정하지 않는 사람이 없었다.

정북 대장군 위관은 무제에게 불려와 조정의 행정을 책임지는 상서령이 되었다. 무제를 가까이 모시며 바른 말을 해야 하는 위관 역시 사마충의 됨됨이를 알고 있었다.

그러나 태자에 대한 험담은 쉽게 할 수 있는 말이 아니었다. 위관은 무제가 베푼 연회에서 술에 취한 척하며 황제에게 다가가 무언가를 말하려다 그만두기를 세 번이나 했다. 무제가 말할 것을 재촉하자 위관은 황제의 의자를 어루만지며 말했다.

"이 자리가 애석해질 수 있습니다."

"공이 정말 크게 취했구려!"

무제는 위관이 하고 싶어 하는 말을 눈치챘지만, 겉으로 차마 내색할 수 없었다. 무제는 태자를 시험해 보려고 상서대에 계류되어 있던 현안을 편지로 써 보내며 이에 대한 답장을 명했다.

태자가 정치 현안에 대하여 올바른 답을 쓸 수 있는 능력이 없다는 것을 잘 알고 있던 태자비 가남풍은 비밀리에 사람을 불러 답을 쓰게 한 후 태자에게 이를 베껴 쓰게 했다. 가비가 이것을 무제에게 보내려 하니 태자의 수행원인 장홍이 말렸다.

"태자께서 학문을 즐기지 않는 것을 모두가 알고 있는데, 이와 같이 고전의 문구로 쓰인 답을 보내면 필경 모두의 의심을 받을 것입니다."

그 말을 듣고 아차 싶은 가비가 장홍에게 명했다.

"네가 답을 써 준다면 너는 나와 함께 부귀를 누릴 것이다."

장홍이 사마충의 수준을 감안하여 직설적으로 답을 쓰니, 태자는 장홍의 답을 자필로 옮겨 적어 황제에게 바쳤다.

이를 받아 본 사마염은 비록 태자가 공부는 하지 않으나 군주로서의 자질은 충분하다고 생각하여 크게 기뻐했고, 사마충은 위기에서 벗어났다.

가비는 무제가 죽으면 황위에 오르게 될 바보 남편 대신 자기가 모든 권력을 누릴 수 있을 것이라고 생각했다. 무제가 죽고 사마충이 황제로 등극하여 황후가 된 가남풍은 양 태후의 아버지 양준과 사마량, 사마위를 죽인 후 모든 권력을 장악했다.

하지만 권력은 얻기도 어렵고 지키기는 더욱 어렵다. 권력을 잡은 지 10년 만에 가후는 사마륜에게 피살되었고, 진나라는 이른바 '8왕의 난'이라는 역사적 소용돌이 속으로 들어가게 된다. 건국된 지 얼마 되지도 않아 망국의 길로 들어서게 된 것이다.

081
나라를 지킬 대책을
마련하지 않은 부여

서진시대 3 (280년~288년)

사마씨의 진나라가 중원 지역을 통일한 지 20여 년이 지난 3세기 즈음, 북방 민족 중에서 동부에 자리한 선비족인 모용씨들이 활발하게 움직이기 시작했다. 진의 세력과 모용씨의 세력이 비등했으므로 국제 사회는 양강 구도가 되었다.

이럴 때는 중간에 낀 작은 나라가 아주 처신하기 어렵다. 여차하면 나라가 망할 수 있기 때문이다. 이때도 선비족 동쪽에 부여(夫餘)가 있었고, 그 너머에 옥저(沃沮)가 있었다.

그런데 선비족이라고 해서 모두 단결하는 것은 아니었다. 285년 선비족의 우두머리인 모용산이 부하들에게 죽자 부족에서는 모용외를 영접하여 세웠다. 우두머리가 된 모용외는 아버지 모용섭귀 때부터 사이가 좋지 않았던 선비족 우문부를 치고자 했다. 모용외는 진나라에 이들을 치게 해달라고 요청했지만 진에서는 이를 허락하지 않았다.

화가 난 모용외는 요서 지역으로 쳐들어가 약탈을 자행했다. 진나라의 무제 사마염은 군사를 파견하여 모용외를 물리쳤다.

그러나 한번 싸움으로 선비족이 물러나는 것은 아니었다. 그들은 매년 진나라의 변경을 침범했고, 동쪽에 있는 부여도 공격했다. 모용씨의 침략을 받은 부여에서는 왕 의려가 스스로 목숨을 끊었고, 그의 자제들은 옥저로 도망쳤다. 모용외는 부여의 도성을 완전히 부순 뒤 백성 1만여 명을 몰아가지고 돌아갔다.

이런 일이 있은 지 6개월 후, 의려의 아들인 의라가 남아 있는 백성을 인솔하고 부여로 돌아가게 해 달라고 진나라에 요청해 왔다. 진나라 조정에서 이 요구를 받아들이자, 이 지역을 담당하던 동이교위 하감은 부하인 독호 가침에게 명하여 고향으로 돌아가는 부여 사람들을 호송하게 했다.

한편 모용외는 장수 손정에게 기병을 인솔하고 고향으로 돌아가는 부여 사람들을 막게 했다. 하지만 독호 가침이 힘껏 싸워 손정의 목을 베고 부여국을 회복시키니, 부여는 외교를 잘한 덕에 다시 나라를 회복시켰다.

부여국은 이로부터 60년이 지난 346년에 멸망했다. 이에 대하여 《자치통감》에는 다음과 같이 기록되어 있다.

"부여는 녹산에 있었는데, 백제의 침략으로 부락이 쇠약해져 흩어졌다가 서쪽으로 가서 연나라 가까운 곳에 옮겼으나 방비를 만들어 두지 않았다. 연나라 왕 모용황이 세자 모용준을 파견하니 모용군, 모용각, 모여근 세 장군으로 하여금 1만 7천 기병을 인솔하고 부여를 습격하게 했다. 모용준은 중앙에서 지시하고, 모용각이 군사를 이끌어 부여를 궤멸하고 부여왕 부여현과 부락민 5만여 명을 포로로 잡아 돌아왔다. 모용황이 부여현을 진군장군으로 삼고 딸을 주어 아내로 삼게 했다."

부여는 모용씨에게 나라가 망할 지경이 이르렀다가 진나라의 도움으로 겨우 나라를 다시 회복했지만 그 후에도 나라를 지킬 대책을 하지 않음으로써 결국 완전히 멸망하고 연나라에 합병되었다.

082
관대함 때문에 공정함을 어긴 사마염

삼국시대에 촉한의 제갈량과 맞섰던 위나라의 사마의는 쿠데타를 일으켜 실권을 잡았고, 그의 손자인 사마염은 위나라로부터 선양받아 진(晉) 왕조를 열었다.

촉한은 263년 위나라에 항복했고, 그로부터 2년이 지난 265년 사마염이 진나라를 건국하여 황제로 즉위했다. 그리고 15년 후인 280년 진나라가 오나라를 멸망시켰으니, 사마염은 한나라가 망한 220년 이후 60년 동안 분열했던 삼국시대의 막을 내리고 중국 대륙을 통일로 이끈 주역이라고 할 수 있다. 무제 사마염은 26년간 황제의 자리에 있으면서 진 왕조의 기틀을 다졌다.

290년, 진나라의 창업군주인 무제 사마염이 죽자 그에 대한 평가가 이어졌다. 그는 마음속에 깊이 품은 생각이 밝고 넓고 통달했으며, 모의하기를 좋아했고, 직언하는 사람을 받아들였으며, 사람을 대하며 얼굴을 붉히는 일이 없었다고 한다. 무제는 매우 훌륭한 황제였으므로 이러한 평가는 과장된 것이 아니었다고 할 수 있다.

하지만 사마염이 죽자 진 왕조는 혼란 속으로 빠져 들어갔다. 무제의 며느리인 가남풍이 황후가 되어 정치를 전횡하는가 하면, 이를 계기로 사마씨들 간에 서로 물고 물리는 '8왕의 난'이 일어난 것이다. 10년 뒤 가후는 폐위되어 죽임을 당했다.

그뿐만 아니라 이런 내분 때문에 북방에 있던 흉노·갈·저· 강·선비의 오호가 남하하여 왕조를 건설했고, 중원을 차지했던 진나라는 석륵에게 멸망했다. 이후 진나라는 강남 지역에서 새롭게 재건하여 동진으로 이어졌지만 중원 지역에는 오호의 왕조들이 세워져 5호16국 시대가 된다. 이것은 사마염이 죽은 지 30년도 안 되는 시점에 벌어진 일이다.

이러한 혼란의 원인은 여러 가지가 있겠으나, 그 근원을 따지고 들어가 보면 죽은 사마염에게도 책임이 있다고 할 것이다. 사마염이 잘못 들인 며느리 가남풍이 이 모든 혼란의 씨앗이기 때문이다.

사마염은 진 왕조를 세우는데 큰 공을 세운 가충의 딸 가남풍을 태자비로 들였다. 가남풍은 태자비였을 때부터 문제를 일으켰는데, 질투심이 심하여 사람을 죽였고, 회임한 시첩에게 창을 던져 뱃속에 든 아이를 죽이는 일도 서슴지 않았다. 사람으로서 있을 수 없는 일을 한 것이다. 이때 사마염은 태자비 가씨를 폐위시키려 했다가, 그 아비 가충의 공을 생각하여 그대로 두었다.

양 황후는 며느리인 태자비 가씨에게 자주 훈계를 했는데, 이는 쫓겨날 짓을 하는 며느리가 쫓겨나지 않게 하기 위해서였다. 하지만 가비는 양 황후가 황제에게 자기를 모함하는 것이라고 생각했다. 이런 상황에서 사마염은 잘못 들어온 며느리 문제를 해결하지 못하고 죽었다.

무제 사마염의 뒤를 이어 태자 사마충이 황위에 오르자 가남풍은 황후의 자리에 올랐다. 무능한 남편 대신 정치 권력을 틀어쥔 가후는 시어머니 양 태후를 폐위시켜 금용성에 유폐했다. 이후 가후의 외척들이 권력을 획득했다.

사마염은 태자 사마충이 무능하여 황제의 업무를 감당하지 못할 것이라는 주위의 평에도 불구하고 이를 받아들이지 않았다. 또한 악독한 태자비를 폐출하는 일도 하지 못했다. 그 결과 진 왕조는 혼란 속에 쇠퇴하는 지경에 이르렀으며 오호에게 중원을 내주는 결과로 이어졌다.

사마염에 대한 평가는 관대했지만, 이런 관대함이 후대의 혼란을 불러일으킨 것인지도 모른다. 잘못을 덮어 주는 관대함보다는 서로 간에 얼굴 붉힐 일이 생기지 않도록 하는 공정함이 더 중요한데, 이 부분에서 사마염은 실패한 것이다.

西晉時代

서진 혜제~민제 시기

《자치통감》 권83부터 권89에 이르는 일곱 권에서는 서진이 몰락하는 역사를 다루고 있다. 299년부터 316년까지의 18년 동안 서진에서는 바보로 불린 혜제 사마충이 황제의 자리에 있었는데, 제후왕 여덟 명이 봉기하여 군사를 일으킨다. 그 결과 혜제의 뒤를 이은 회제가 북방의 이민족이 세운 후조에 잡혀 갔다.

진나라에서는 1년 동안 황제의 자리를 비운 채 우왕좌왕하다가 회제가 죽은 후 민제를 세웠지만 그 역시도 다시 포로로 잡혀가는 신세가 되면서 서진은 멸망하게 된다. 이후 사마예가 강남에서 진 왕조를 부흥시키지만, 중원은 이민족인 오호의 차지가 되었다.

083
바보 황제 사마충과
음란한 황후 가남풍

진나라의 무제 사마염이 죽고 혜제 사마충이 등극하자 황후가 된 가남풍을 제지할 사람은 아무도 없었다.

사마염은 생전에 며느리인 가비를 내치려 했으나 그 아비인 가충의 공을 생각하여 참았던 적이 있었다. 사마의가 쿠데타를 일으키고 사마씨가 위나라의 실권을 잡았을 때 젊은 황제 고귀향공이 직접 칼을 들고 사마씨를 죽이려 했는데, 이때 위나라 황제인 조모를 죽이라고 명령한 사람이 가충이었기 때문이다. 만약 그때 가충이 없었더라면 사마씨의 운명은 어찌 되었을지 모를 일이었으므로, 사마염으로서는 이 일을 염두에 두지 않을 수 없었다.

황제가 살아 있을 때도 문제를 일으켰던 가비는 무서운 시아버지가 죽은 이상 거칠 것이 없었다. 가 황후는 천성의 음란함과 포악함이 날로 심해져 태의령 정거 등과 통정했고, 그것도 모자라 사람을 시켜 나이 어린 미소년을 붙잡아 대나무 상자에 넣은 후 몰래 궁궐로 들여오게 했다. 그리고 이렇게 음란한 일이 밖으로 누설될까 두려워 왕왕 납치해 온 미소년들을 살해하기도 했다.

이러한 일을 아는 가후의 가까운 친척들은 걱정이 많았다. 가황후의 악행이 수면 위로 떠오르면 자기들에게도 화가 미칠 것이기 때문이다. 급기야 가후의 사촌 오빠인 가모 및 가후와 내외종 간인 배왜가 가후를 폐위시킨 후 사숙비를 세우려는 모의를 했지만, 정작 가후의 남편인 혜제 사마충 때문에 실행에 옮기지 못하고 있었다.

"주상께서 황후를 폐출시키려는 뜻이 없는데 우리가 이 일을 실행했다가 황상과 어긋나면 장차 어찌 되겠는가?"

즉 가후를 폐위시킬 이유도 있었고 방법도 있었지만 황제 때문에 뜻을 이루지 못한 것이다. 대신 말로 가후를 타이르려 했는데, 가후는 도리어 이들이 자기를 헐뜯는다고 생각했다.

이러한 상황에서 진 왕조가 제대로 굴러갈 리 없었다. 북쪽에서 중원 지역으로 내려오는 이적들을 막아 본 고장으로 돌려보내야 한다는 '사융론(徙戎論)'이 나왔지만 아무도 못 들은 척했고, 오직 개인적인 권력과 치부하는 데 혈안이 되니 화폐 권력과 화폐 물신주의를 풍자하여 돈이 귀신이라는 내용의 〈전신론(錢神論)〉이라는 글이 나오기에 이르렀다.

이처럼 혼탁한 세상을 타개해야 할 책임은 당연히 황제인 사마충에게 있었지만 사마충은 거의 바보였다.

한번은 정원을 거닐던 사마충이 청개구리가 우는 소리를 듣고 옆에 있던 사람에게 물었다.

"저 개구리가 우는 것은 관부에서 시켜서인가?"

또 백성들이 굶어 죽었다는 말을 듣고서는 이렇게 물었다.

"왜 고기죽을 먹지 않고 굶어 죽는가?"

이것은 사마충이 그냥 웃자고 한 말이 아니었다. 사마충은 정말로 개구리가 우는 것은 정부에서 시켜서 울게 한 것이고, 밥이 없으면 고기를 먹으면 된다고 생각한 것이다. 한 마디로 사마충은 사물과 이치에 대한 판별력이 전혀 없는 바보였다. 황제가 대책 없는 바보임을 안 신하들은 음란한 황후를 내쫓고 싶어도 할 수가 없었다.

북방의 이적들은 끊임없이 중원 지역으로 내려오고 권력을 잡은 사람들은 돈을 버는 데만 혈안이 되었는데, 황제는 바보이고 황후는 음란하니 세상이 어지러워질 것은 뻔한 일이었다. 사람들은 세상을 외면하여 산으로 들어가거나 세상일에 관심을 끊고 개인적인 유유자적을 택하여 살아갔다. 얼마 되지 않아 오호가 쳐내려오고 진나라는 남쪽으로 도망해야 했다.

진나라 조정을 담비와 매미로 가득 채운 사마륜

진나라의 2대 황제인 혜제가 황제로서의 권한을 행사하지 못하고 음란하고 악독한 가 황후가 정권을 휘두르니 사마씨들은 불만이 가득했다. 결국 조왕 사마륜이 가후를 폐위시키고 권력을 잡았다.

사마륜이 권력을 잡고 보니 못난 황제 사마충을 내쫓고 스스로 황제가 되고 싶었다. 그는 꾀를 내어 부하 조봉으로 하여금 일을 꾸미게 하였다.

"꿈에 선제를 뵈었는데, 사마륜이 의당 일찍이 서궁에 들어갔어야 했다고 말씀하셨습니다."

조봉은 이렇게 말을 꾸며냈다. 여기서 선제란 사마의를 말한다. 사마의는 위나라 시대에 제갈량과 싸움을 벌였고, 쿠데타를 일으켜 권력을 잡음으로써 진나라의 건국 기반을 닦은 사람이다. 사마의의 손자인 사마염이 위나라를 뒤엎고 진나라를 세웠으니 진 왕조에서 사마의는 하늘을 우러러 받들어 모셔야 하는 위대한 선조였다.

그런데 이 분이 꿈에 나타나 사마륜이 좀 더 일찍이 황제가 되었어야 했다고 한탄했다는 조봉의 말은 사마륜이 황제가 되지 못해서 지금 진나라가 혼란스럽다는 뜻이 된다.

조봉의 뒤를 이어 사마위가 나섰다. 사마륜은 권력을 잡은 후 사마위를 발탁하여 황제를 모시는 시중을 겸하게 했었다. 사마위는 사마충을 윽박질러 황제의 인새와 인수를 빼앗고 사마륜에게 황제의 자리를 선양한다는 조서를 짓게 했다.

황제가 된 사마륜은 군대를 동원하여 요소요소에 배치하고, 갑옷 입은 병사를 황제의 대전에 배치한 후 조정 대신들에게 상황을 설명했는데, 감히 이 조치에 토를 다는 사람이 없었다. 사마륜은 연호를 건시로 고치고, 사마충을 태상황으로 올렸지만 실제로는 금용성에 유폐하여 감시했다.

그리고는 양왕 사마융에게 재상보다 높은 재형의 벼슬을 주었고, 하소를 태재로 삼았다. 손수는 시중·중서감·표기장군·의동삼사로 삼았고, 의양왕 사마위는 중서령으로, 장림은 위장군으로 삼았다. 나머지 무리들은 모두 경과 장으로 삼았는데, 노복으로 병졸이 된 사람들에게까지 작위를 덧붙여 주었으니 이를 다 기록할 수조차 없을 정도였다.

이런 상황이다 보니 조회를 열면 높은 벼슬아치가 너무 많았다. 이들은 조회 때 멋진 모자를 썼는데 무관은 담비 꼬리털을 붙인 모자, 문관은 매미 날개와 같은 재료로 만든 모자를 썼다.

담비 꼬리털은 북방의 추운 지방에서 고생하는 것을 나타내고 매미 날개는 청렴결백을 나타내는 것이었는데, 고위 관원이 너무 많다 보니 이들의 모자를 만드는 담비 꼬리털과 같은 재료가 부족하기에 이르렀다.

"담비 털이 모자라면 개꼬리로 잇는다."

사람들은 관직과 작위를 남발한 사마륜의 처사를 이런 말로 비아냥거렸다. 이렇게 높은 대우를 해 주면 모두가 자기편이 되어 줄 것이라고 믿었지만, 아무리 사마륜이 인심을 써도 모든 사람을 만족시킬 수는 없었다. 사마경과 사마옹, 사마영이 군사를 일으켜 사마륜을 죽이고 사마충을 복위시켰기 때문이다.

085
8왕의 난과 포로 신세의 황제 사마충

서진시대 7 (303년~304년)

진나라를 세운 무제는 황족 사마씨에게 제후국을 주어 왕으로 봉했다. 위나라가 쉽게 망한 것은 종실의 힘이 약했기 때문이라고 보았기 때문에 진나라 종실을 키워야 한다고 생각했던 것이다.

하지만 이러한 무제의 정책은 사마씨 황실의 골육상잔인 8왕의 난을 일으키는 계기가 되었다. 가후를 척결하고 권력을 잡은 조왕 사마륜이 혜제를 폐위시키고 스스로 황제가 되자 제왕 사마경과 성도왕 사마영, 하간왕 사마옹이 연합하여 사마륜을 죽이고 혜제를 다시 복위시켰다. 이후 성도왕과 장사왕이 제왕을 죽이고, 성도왕과 하간왕이 장사왕을 죽였으며, 마지막으로 동해왕이 성도왕과 하간왕을 평정하여 정권을 장악함으로써 8왕의 난은 끝이 난다.

이런 상황에서 혜제 사마충은 겨우 황제의 자리를 보존하고 있었을 뿐, 권력은 이미 그의 것이 아니었다. 304년 하간왕 사마옹은 승상 사마영을 태제로 삼으라고 황제에게 요청했다. 혜제의 뒤를 이을 황태자를 내쫓고 혜제의 동생인 사마영에게 황위를 잇게 하라는 것이었는데, 혜제는 그저 이 말에 따를 수밖에 없었다.

그런데 태제가 된 사마영이 사치가 심하고 권력을 전횡하자 이번에는 사공인 동해왕 사마월이 여러 사람과 모의하여 업성에 있는 사마영을 토벌하기로 했다. 혜제가 이 말에 따라 사마영을 토벌하게 하니 사마월은 황제를 모시고 북쪽으로 사마영을 치러 떠났다.

사마월이 격문을 보내 사방에서 군사를 모집하니, 사람들이 구름처럼 몰려들어 업성에서 40리쯤 떨어진 안양에 도착했을 즈음에는 무려 10만 명의 무리가 되었다.

이 소식을 들은 사마영은 부하들과 대책을 논의했는데 어떤 사람은 "상복을 입고 나아가 천자에게 죄를 청해야 한다."고 했고, 다른 사람은 "황제를 영접하라."고 했다.

또 사마영의 진영에 있던 몇 명은 황제가 있는 행재소로 도망쳐 "업성에는 사람이 모두 흩어졌고, 방비도 갖추어진 것이 없습니다."고 말했다. 바야흐로 혜제 사마충의 친정이 성공할 것처럼 보였다.

하지만 사마영은 황제의 진영에 있다가 도망쳐 온 석초를 파견하여 혜제를 공격하게 했다. 석초가 몰래 혜제의 진영으로 다가가 공격하니, 연속하여 승리를 거두었다. 이런 혼란 속에서 혜제는 화살을 세 대나 맞고 뺨을 다쳤다.

혜제 곁에 있던 백관들과 시종들은 모두 다 흩어져 달아났다. 오직 조복을 입은 혜소 한 사람만 말에서 내려 황제의 연에 오른 후 혜제를 호위했다. 혜소는 혜제에게 쏟아지는 화살을 자기 몸으로 막았지만, 사마영의 군사들은 혜제와 같이 있는 혜소를 끌어내려 찍어 죽였다.

"혜소는 충신이니 죽이지 말라!"

혜제가 외쳤지만 아무런 소용도 없었다. 혜소에게서 튀겨져 나온 피가 혜제의 옷에 묻었고, 혜제는 연에서 떨어져 풀 속으로 나뒹굴었다. 그 바람에 혜제는 갖고 있던 옥새 여섯 개를 잃어버렸다.

혜제는 죽지는 않았지만 이제 무늬만 황제일 뿐 포로나 다름없었다. 혜제가 밥을 찾자 석포가 물 한 잔을 올리고 다른 사람이 가을 복숭아를 주어서 먹게 했다.

업성으로 끌려간 혜제는 사마영이 원하는 대로 대사면령을 내리고 연호도 고쳤다. 사람들이 피 묻은 황제의 옷을 빨려고 하니, "충신 혜소의 피니 빨지 말라."고 말했을 뿐이다.

하지만 사마영의 권력도 얼마 가지 못하고 몰락했다. 2년 후 사마월이 혜제를 낙양으로 다시 모셔 왔지만, 사마충은 해를 넘기지 못한 채 파란만장한 일생을 마감했다.

외가를 살리려
한나라를 세운 흉노족 유연

한나라 때 흉노는 큰 문젯거리여서 때로는 군사를 보내 공격하기도 했지만 때로는 공주를 시집보내어 화친을 도모하기도 했다. 진나라 때에 이르자 흉노 세력은 남북으로 갈라져 있었는데, 그 중에서 중원에 있는 왕조와 국경을 맞대고 있는 남흉노는 중원의 문화를 흡수하고 있었다.

삼국시대에 위나라 사람들은 남흉노 5부에 사는 사람들을 병주의 여러 군에서 그들의 백성들과 섞여 살게 했다. 남흉노들은 예전에 한나라 공주가 흉노에 시집왔으므로 한나라 왕조인 유씨 집안은 자기의 외가라고 주장하며 흉노 본래의 성인 '난제'를 한 왕조 황실의 성인 '유'로 바꾸었다.

이때 남흉노의 좌현왕 유표가 죽고 그의 아들인 유연이 그 자리를 이어받았다. 흉노의 좌현왕은 중원 지역과 인접한 흉노 지역의 책임자다. 좌현왕이 된 유연은 어려서부터 준수하고 특이하여 상당 사람인 최유를 모시고 중원 지역의 학문인 경전과 역사를 공부했다. 그뿐만 아니라 나라를 지키고 유지하는 데 중요한 무예도 공부했는데, 장성한 후에는 원숭이처럼 긴 팔로 활을 잘 쏘았으며, 힘이 보통 사람을 뛰어넘었고, 자태와 모습이 두드러지게 큰 문무를 겸비한 인재가 되었다.

중원에 진 왕조가 들어섰을 때 유연은 인질이 되어 낙양에 가 있었는데, 유연의 재주가 드러나자 진의 황제는 그와 여러 차례 만나기도 했다. 유연의 재주를 본 어떤 사람은 그에게 벼슬을 주어 오나라를 정벌하고 흉노 문제를 해결할 것을 권하기도 했다. 물론 유연이 흉노족이기 때문에 맡겨서는 안 된다고 주장하는 사람도 있었다.

289년 무제는 조서를 내려 유연을 흉노의 북부 지역을 전체적으로 다스리는 흉노북부도위로 삼았다. 흉노족인 유연이 공식적으로 진나라의 관직을 받은 것이다. 그로부터 2년 뒤, 유연은 건위장군·흉노오부대도독이 되었다.

유연은 재물을 가볍게 생각하고 베풀기를 좋아했으므로 많은 호걸과 이름난 유사들이 그에게 가서 스스로 복종했다. 이렇게 세력을 모은 유연은 유세를 시작했다.

"흉노의 외가인 한나라 왕실을 조씨의 위나라가 망쳐 놓더니, 이제 사마씨가 그 뒤를 이어받았다. 중원에는 더 이상 유씨의 나라를 다시 일으킬 사람이 없으니, 내가 나서서 외가인 한나라를 부흥시키겠다."

이때 진나라에서는 혜제의 황후인 가남풍이 전횡을 일삼고,

사마씨들은 서로 권력을 잡겠다고 자고나면 반란을 일으켜 8왕의 난이 심각한 지경이었으므로 대외적인 문제에 신경 쓸 겨를이 없었다. 중원에 인질로 와 있던 유연은 이 실정을 잘 알고 명분을 만든 것이다.

304년 나라를 세운 유연은 외가를 부흥시킨다는 명분에 걸맞게 국호를 '한(漢)'으로 정했다. 유연이 세운 이 나라에 의해 진나라의 회제와 민제가 잡혀 죽고, 진 왕조는 남쪽으로 쫓겨나 동진(東晉)을 세운다. 유연의 한나라는 316년에 '조(趙, 전조)'로 이름을 바꾼다.

흉노족에게 몰락한 한인 왕조

진나라의 2대 황제인 혜제 사마충이 죽고 그의 동생인 사마치가 등극하니, 이 사람이 회제다. 사마충이 황제로 있던 17년 동안 진나라에서는 혜제의 정비인 가남풍과 사마씨 8왕의 난으로 권력 다툼이 계속되었다.

그 사이 흉노 출신의 유연은 외가인 한나라를 회복시킨다는 명분을 내걸고 한(漢)을 세웠다. 유연의 한나라는 후에 국호를 조로 바꾸어 역사에서는 이를 전조(前趙)라 부른다.

한나라를 회복한다는 기치를 내건 유연은 흉노의 북방 지역에서 한나라가 지배했던 중원으로 내려올 명분을 마련한 후 군대를 동원하여 남하하기 시작했다. 한(전조)의 안동대장군 석륵이 하북성 상산으로 내려오는데, 그 무리가 무려 10만 명이나 되었다.

유연은 중국에서 글줄이나 읽었다는 사람들을 모아 군자영(君子營)이라는 부대를 만들었다. 그뿐만 아니라 한인으로서 자진하여 계책을 바치는 사람까지 있었으니, 진나라를 공격하기에

더할 나위 없이 좋은 분위기가 형성되었다. 그에 비하여 진나라 의 대항군은 형편이 없었다.

유연이 아들 유총을 파견하여 산서성에 있는 호관을 공격하 게 하면서 석륵을 선봉장으로 삼았는데, 진나라에서 이 지역을 책임지고 있던 병주자사 유곤은 황숙과 한술을 파견하여 이들 을 막으려 했지만 모두 패하여 죽고 말았다. 이어 진나라의 태 부 사마월이 내사 왕광과 장군인 시융과 조초를 파견하였지만 이들 역시 패배했다.

그러는 동안 한(전조)을 세운 유연이 죽고 유총이 황제가 되었 고, 진나라의 사마월도 죽었다.

311년 회제 영가 5년에 석륵이 가벼운 무장을 한 기병을 거느 리고 죽은 사마월의 장례 영구를 쫓아가서 10만 명을 잡아 죽인 후 진나라의 고관들을 모두 잡아들였다. 이들을 군대의 막사에 앉혀놓고 석륵이 물었다.

"도대체 너희 진나라는 왜 이 꼴이 되었는가?"

진나라 군대의 총책임을 맡은 태위 왕연은 내부적으로 일어 난 가후의 전횡과 8왕의 난 때문이며, 자기에게는 실패의 책임 이 없다고 변명했다. 또한 자기는 관직을 가질 생각이 없었고, 세상일에 관심이 없다면서 석륵에게 황제가 되라고 아부했다. 이렇게라도 해서 죽음에서 면해지기를 바란 것이다.

이런 상태다 보니 진나라는 더 이상 버틸 힘이 없었다. 회제는 도망치려 했지만 이미 탈 만한 수레와 배가 없었고, 진나라의 관리 중 열에 아홉은 달아나 버린 상태였다.

그러는 사이 한(전조)의 군대는 진나라의 도읍인 낙양으로 밀려들었다. 궁궐로 들어온 그들이 모든 보물과 궁녀들을 다 거둬들이니, 이때 죽은 사람이 3만 명에 이르렀다. 궁지에 몰린 회제는 황궁에 딸린 동산인 화림원으로 빠져나가 장안으로 달아나려 했지만 한(전조)의 군사에게 붙잡혀 유폐되었다.

한(전조)의 황제 유총은 대사면령을 내린 후 진나라 황제인 회제 사마치에게 한(전조)의 관직인 특진·광록대부를 주고 작위를 평아공(平阿公)으로 정했다. 중원 지역에 있던 한인 왕조의 황제가 흉노족 왕조에게 도읍을 빼앗기고 포로가 되어 그들의 작위를 받은 것이다.

충직한 신하, 현명한 아내,
반성할 줄 아는 황제

유연의 뒤를 이어 한(전조)의 황제가 된 유총은 포로가 된 진나라 황제에게 노비들이 입는 푸른 옷을 입히고 연회에서 술을 따르게 했다. 승리에 취하여 회제를 모욕한 것이다. 이에 옛날 진나라의 대신이었던 사람들이 반발하자 유총은 회제를 비롯한 진나라의 주요 인물들을 다 죽였다.

승리에 들뜬 유총은 귀빈 유아를 황후로 삼고 그녀를 위하여 봉의전을 화려하게 지으라고 명했다. 이처럼 유총이 사치에 빠지자 진원달이 국제 정세를 설명하며 간곡하게 충언했다.

"지금 파촉에서는 이웅이 나라를 세웠으며, 우리를 반대하는 다른 세력이 많으니 사치할 여유가 없습니다. 과거에 성공한 제왕은 절약을 생활화했는데, 옛날 한나라의 문제는 노대 하나를 만들려다가 공사 비용이 백금이라는 보고를 듣고 이를 중지했습니다."

이 말을 들은 유총은 화를 냈다. 황제인 자기가 전각 하나 짓겠다는데 이렇게 반대하니 목을 베지 않으면 안 되겠다고 하며 진원달을 황궁의 정원인 소요원에 있는 이중당으로 잡아오게 했다. 진원달이 체포되어 오자 유총은 그의 허리를 쇠사슬로 감고 나무에 묶어 두었다가 끌어내어 목을 베라고 명령했다. 또한 진원달의 처자도 동쪽 저자에서 효수하여 한 구덩이에 집어넣으라고 했다.

이런 상황에서도 진원달은 조금도 물러날 기세가 없었다.

"신은 옛날에 하나라의 폭군인 걸에게 충신이었던 용봉과 은나라의 충신인 비간처럼 될 것입니다. 신은 죽기가 두렵지 않습니다."

신하들 가운데 여럿이 진원달을 죽이면 안 된다고 간절하게 말했지만 유총은 여전히 생각을 바꾸지 않았다. 이 소식을 들은 황후 유아가 은밀히 진원달에 대한 형 집행을 보류하게 한 후 유총에게 말했다.

"옛날부터 나라나 집안이 망할 때는 부인에게서 시작하지 않은 일이 드뭅니다. 지금 저를 위한 전각을 지으시며 여기에 반대하는 신하를 죽이신다면 후세에 모든 잘못이 황후인 저에게 있다고 할 것입니다. 그러니 차라리 황후가 되어 즐기기보다 죽는 것이 낫겠습니다."

유총 앞에 있는 신하들 중 대사도 임의, 광록대부 주기와 범륭, 표기대장군 하간왕 유이 등의 이마에서는 피가 흘러내리고 있었다. 관을 벗고 머리를 조아리다가 땅에 부딪친 것이다.

이런 상황에서 황후의 말을 들은 유총은 스스로 반성하여 말했다.

"최근에 내가 바람병이 들어 화를 내고 기뻐하는 데 스스로 통제하지 못하여 충신 진원달을 제대로 살피지 못했다. 여러 사람이 죽음을 무릅쓰고 이런 사실을 밝혔으니 내가 마음속으로 부끄럽도다.

하지만 밖에는 진원달 같은 충신이 있고, 안에서는 유아 같은 황후가 나를 보필하니 이제 아무런 걱정이 없구나."

유총은 아직도 당 아래서 피를 흘리며 간언하는 신하들에게 관을 쓰게 하고, 진원달을 불러 당 위로 오르게 했다. 그리고 이 문제를 두고 강하게 간언을 한 임의 등에게 비단과 곡식을 하사했다.

유총은 '유람하는 동산'이라는 뜻의 소요원(逍遙園)을 '현명한 사람을 거두어들이는 동산'이라는 뜻의 납현원(納賢園)으로 바꾸고, 이중당(李中堂)도 '현명한 사람에게 부끄럽다'는 뜻의 괴현당(愧賢堂)으로 고쳤다. 새로운 태도로 정치를 시작한 것이다.

나라를 걱정하는 충신과 현명한 황후가 있고, 이를 받아주는 군주가 있는 나라는 건강한 나라다. 흉노족이 낯선 중원에 와서 버틸 수 있었던 이유가 여기에 있다.

089
교만한 왕준과 주도면밀한 석륵

서진시대 11 (314년~316년)

진나라의 회제가 흉노족이 세운 한(전조)에 잡혀가 죽자 진나라 장안에서는 사마업이 황제로 등극했다. 민제 사마업은 등극한 지 3년이 지나 한(전조)의 유요에게 투항했는데, 이로써 진나라는 멸망하게 된다. 이후 사마예가 건강에서 진나라를 부흥시켜 황위에 올랐는데 중원 지역에 위치했던 진나라를 서진(西晉), 건강 지역에 위치했던 진나라를 동진(東晉)이라 부른다.

이렇게 서진이 망하고 동진이 서는 와중에 왕준은 진나라 유주와 기주 지역의 군사적 책임을 맡고 있었다. 유주와 기주는 지금의 산동 지역이므로 서쪽에 있는 진나라의 도읍 장안이 위협 받는다 하더라도 동쪽은 튼튼한 셈이었다.

왕준은 진나라가 촉한을 멸망시키고 강남 지역에 있는 오나라를 정벌할 때 큰 공을 세운 사람이다. 이때 왕준은 장강 상류에 4층으로 된 누각 같은 큰 배를 만들었는데, 안에서 말을 타야 할 정도로 배가 컸다는 기록이 있을 정도다.

왕준이 동부에서 잘 버텨 준다면 진나라는 북방 민족에게 밀려 황하 지역을 다 내준 채 옹색하게 남쪽으로 내려가지 않아도 될 만큼 아직 힘이 남아 있었다. 이때 왕준과 맞서던 한(전조)의 장수는 석륵이었는데, 그가 나중에 후조(後趙)를 세우게 된다.

314년 왕준의 사자가 석륵의 군영으로 갔다. 석륵의 세력을 보기 위해서였다. 왕준의 속셈을 눈치챈 석륵은 힘센 병졸과 무기, 갑옷을 모두 숨기고 늙고 어린 병사와 텅 빈 창고만을 보여 주었다.

석륵은 왕준이 보낸 편지를 받고 절을 했다. 그뿐만 아니라 왕준이 선물로 보낸 주미를 손을 댈 수 없을 만큼 귀한 것으로 여기며 벽에 걸어놓고 아침저녁으로 이 주미를 향해 절했다. 주미는 사슴의 일종인 주(麈)의 꼬리에 보석을 달아 만든 부채를 말하는데, 석륵은 왕준이 보낸 주미를 극진히 공경하는 모습을 보임으로써 왕준의 사자를 속인 것이다.

"나는 감히 왕공을 직접 만나 뵙지 못했지만, 왕공이 보내주신 이 주미를 보니 마치 왕공을 뵙는 것 같다."

석륵은 왕준에게 황위에 오르라는 유혹의 편지를 보내기도 했다. 그러면서도 석륵은 주도면밀하게 왕준의 정치력을 살폈다. 왕준이 곡식 100곡을 쌓아놓고도 가난한 백성을 진휼하지 않고 오히려 과도한 부역을 부과함으로써 충성스럽고 똑똑한 사람들이 자꾸만 왕준에게서 떠나간다는 정보가 입수되었다. 이런 까닭에 많은 사람들이 왕준은 곧 망할 것으로 여기고 있지만, 정작 왕준은 저 혼자 자신만만하여 높은 누각을 세우며 스스로 대단한 업적을 쌓았다고 생각한다는 소식도 들었다. 석륵에게 갔던 사자는 왕준에게 돌아와 자기가 본 대로 보고했다.

"석륵의 형세는 적고, 공에 대해서 배반할 생각도 없습니다."

왕준은 더 이상 석륵을 경계하지 않았다. 그리하여 자신이 맡고 있는 유주와 기주에 방어 설비도 하지 않은 채 더욱 교만하고 게을러졌다.

한편 석륵은 치밀한 준비를 해놓고 왕준을 습격하려 하면서도 신중에 신중을 기했다. 왕준을 치러 간 사이에 선비족이나 오환족이 비어 있는 근거지를 노릴 것을 걱정한 것이다.

석륵의 부하 장빈이 속전속결 계책을 내놓자 석륵은 이를 받아들여 기습을 시행했다. 왕준은 스스로 목숨을 끊으려 했지만 실패하여 잡혀 죽었고 그를 따르던 1만 명도 궤멸되었다. 석륵은 왕준 휘하에 있던 똑똑한 사람을 다 받아들이며 말했다.

"유주를 빼앗은 것보다 이 사람들을 얻은 것이 더 기쁘다."

석륵은 갈족의 추장 아들로 태어났으나 진나라 병사에게 잡혀 사환의 노예가 되었다. 하지만 그런 운명에 굴하지 않고 끊임없이 세상 돌아가는 이치를 탐색했기 때문에 노예 신분에서 벗어나 장군이 되었고, 마침내 한(전조)에서 독립하여 후조를 세움으로써 황제가 된 불굴의 인물이다.

동진시대

자치통감 권090~자치통감 권118
317년~419년(103년간)

東晉時代

東晉時代

동진 원제~목제 시기

사마예가 강남 지역에서 재건한 진은 동진으로 불리며 그 역사는《자치통감》권90부터 권97까지 여덟 권에 실려 있다. 317년부터 347년까지의 31년 동안 원제 사마예로부터 시작하여 명제 사마소, 성제 사마연, 강제 사마악, 목제 사마담의 즉위 2년까지 동진 역사의 기록이다.

동진 황제의 재위 기간은 원제 6년, 명제 3년, 성제 18년, 강제 3년, 목제 17년으로 성제 외에는 모두 짧은 기간 동안 황위를 유지했다. 원제 사마예는 42세에 동진을 건국하여 48세에 죽었지만, 명제는 24세에 등극하여 3년 동안 황위를 유지했고, 성제는 4세에 등극하여 18년 동안 황위에 있다가 22세에 죽었다. 목제는 17년간 재위했지만 황제로 등극했을 때의 나이가 겨우 2세였다.

따라서 동진의 역사는 나약한 황제와 황권을 섭정하는 태후, 권력을 장악한 신하들에 의하여 전개되었다. 동진을 새로 세운 사람은 사마예였지만 국가의 운영은 중신들에 의하여 유지되었던 것이다.《자치통감》권97은 강제가 죽고 두 살배기 그의 아들 목제 사마담이 등극하는 데서 끝난다.

이 기간 동안 중원의 북쪽에서는 다양한 국가들이 건국되거나 멸망하는 혼란의 역사가 지속되었다. 302년 이특은 촉 지역에서 성(成)을 세웠고, 유연이 건국했던 전조는 유요로 바뀌었다가 329년에 멸망하였다. 또한 전조의 장수였던 석륵이 319년에 후조를 세웠고, 감숙성 지역에서는 장무가 전량을 세움으로써 북부 지역은 3~4개의 나라로 분열되어 있는 상태였다.

교육의 중요성을 강조한 무관 대막

사마염이 세운 서진이 망한 후 사마예는 장강 유역에 있는 건강에서 진나라를 재건했다. 서진에서 여덟 명의 왕이 권력을 두고 싸운 '8왕의 난'이 일어나는 동안 북방의 흉노족을 비롯한 여러 종족들이 남하하여 중원 지역을 자치했다. 이로써 한족은 역사 이래로 줄곧 자신들의 터전이었던 중원 지역을 그들이 야만족이라 부르던 북방 민족에게 내주고 쫓겨 내려가게 되었다.

서진의 마지막 황제인 민제 사마치는 흉노의 한(전조)에 항복하면서도 조상이 세운 진 왕조의 명맥을 이어야 한다는 마지막 책임감을 느꼈다. 그리하여 민제는 승상을 맡고 있던 낭야왕 사마예에게 황제의 업무를 수행하라는 명령을 내렸다.

낭야왕 사마예는 민제 사마치의 재당숙이 된다. 사마치는 사마의의 둘째 아들인 사마소 계통이며, 사마예는 사마의의 셋째 아들 사마주의 계통이다. 그러므로 황제의 자리를 잇던 사마소 계통이 실패하면서 사마주 계통에게 부탁한 셈이 되는 것이다.

사마예는 황제의 일을 대신할 수 있는 기회를 갖게 되었지만,

마음이 편치는 않았다. 권력을 갖는다고 해서 반드시 좋은 것만은 아니라는 사실을 잘 알고 있었기 때문이다. 전임 황제는 둘씩이나 잡혀갔고, 왕조의 근거지는 빼앗겼으며, 수많은 한족이 피난 보따리를 싸들고 남쪽으로 물밀 듯 내려오고 있는 상황에서 건강에 겨우 근거지를 마련한 사마예는 혼란스럽기 그지없었다. 흉노의 남하도 막아야 하고, 파탄난 재정도 확충해야 하며, 밀물처럼 몰려드는 피난민의 살 길도 마련해 주어야 했다.

이처럼 혼란한 시기에 황제가 가장 먼저 해야 할 일은 무엇일까? 우선은 통치 철학을 세워야 한다. 그래야 눈앞에 쌓인 많은 일 중에 먼저 할 일을 고를 수 있다.

정남장군부의 군사 대막이 건의했다.

"전쟁으로 많은 사람들이 죽게 된 이후 학교가 허물어지거나 없어졌습니다. 말하기 좋아하는 사람들 가운데 어떤 이는 '평화의 시대에는 문(文)을 숭상하고, 혼란을 만났을 때는 무(武)를 숭상하는 것'이라고 말하는데, 이 말은 듣기에는 그럴 듯하나 실제로는 그렇지 않습니다. 혼란한 시대일수록 먼저 문(文)을 교육하여 예의와 염치를 젊은이들에게 알게 해야 국가의 장래가 있습니다."

대막이 맡고 있는 직책은 군사에 관한 일을 담당하는 것이었으므로 무관에 속한다. 그런 무관이 군대를 더 길러야 한다는 말이 아니라, 오히려 예의와 염치를 교육해야 한다고 말하고 있는 것이다.

대막의 말을 들은 사마예는 곧바로 태학을 세웠다. 전쟁으로 무너져 버린 교육 기관을 가장 먼저 재건한 것이다. 지금 당장은 비록 어렵더라도 먼 장래에 더 나아질 것을 바라보면서 교육으로 미래를 대비하는 통치 철학을 세운 것이다.

서진의 마지막 황제인 사마치가 죽었다는 소식이 전해지자 사마예는 정식으로 황위에 올랐다. 그가 세운 왕조 동진은 100여 년을 지탱했는데, 중원 지역을 다 갖고도 50여 년밖에 유지하지 못했던 서진에 비하면 대단하다 할 것이다. 교육을 중시한 사마예의 통치 철학이 단단하게 자리잡고 있었기 때문에 가능한 일이었다.

091
단씨의 특별한 충성심과
석씨의 특별한 우정

사마예가 강남에 근거지를 마련하여 동진(東晉)을 세우면서 중원 지역은 크게 세 나라로 나뉘게 되었다. 사마씨의 동진과 유씨의 한(전조), 그리고 한(전조)에서 석륵이 독립하여 세운 조나라다. 석륵의 조나라는 유씨의 한(전조)과 구별하여 후조(後趙)라고 부른다.

후조는 동진이 소유하고 있는 중원의 동부인 산동 지역으로로 진출하려 했다. 이를 위해서는 유주와 그 부근에 있는 병주, 기주를 놓고 동진과 전투를 벌여야 했다. 이곳은 지금의 북경 지역에 해당하는 곳이다. 석륵은 조카인 석호에게 이 책임을 맡겨 동진의 유주자사 단필제를 공격하게 했다.

단필제는 동생 단문앙으로 하여금 석호를 막게 했다. 단문앙은 용감하게 잘 싸웠지만 중과부적이었다. 결국 단문앙이 탄 말이 기력을 잃고 넘어지기에 이르자 석호가 말했다.

"형님, 그동안 우리는 서로 잘 지냈는데 굳이 싸울 필요가 있겠습니까?"

석호가 유화적인 말을 건네자 단문앙이 소리쳤다.

"너는 내 땅을 침략하는 도적놈이다. 내가 마땅히 너를 오래 전에 죽였어야 했는데, 단필제 형님이 나의 계책을 받아들이지 않아 네가 지금 여기에 이르게 된 것이다. 나는 차라리 싸우다 죽을지언정 너에게 굴복하지 않겠다."

9년 전, 동진의 요서공 단질육권이 후조를 공격했을 때 석륵이 동진에 화의를 구한 일이 있었다. 이때 단문앙은 화의를 극력 반대했지만, 조정에서 이를 받아들이지 않았다. 단문앙은 그때 석륵을 죽이지 못했던 일을 거론하며 항복을 거절하고 있는 것이다.

단문앙은 부러진 칼을 잡고 6시간 동안 악전고투했지만 결국 후조의 군사들에게 붙잡혔다. 단문앙이 없는 성은 더 이상 희망이 없었다. 단필제는 말을 타고 동진의 조정으로 돌아가려 했지만 대세가 기울었음을 알게 된 부하들이 말을 듣지 않았으므로 결국 석호에게 항복할 수밖에 없었다.

석호를 만난 단필제는 단호하게 말했다.

"진나라의 은혜를 받은 사람으로서 그대를 없애려 했는데 불행하게도 이런 상황에 이르렀다. 그래서 나는 그대에게 공경의 예의를 차릴 수 없다."

단필제는 비록 항복하는 신세가 되었지만 고개를 숙이지 않았다. 이것은 죽여 달라는 말과 같았다. 단필제와 단문앙 형제는 원래 선비족 출신으로 동진에서 벼슬을 하며 동진을 위해 일했다. 그러므로 석호에게 항복하는 것도 그다지 이상할 것이 없는 상황이었는데, 굳이 이를 거절하고 있는 것이다.

석호는 일어나 단필제에게 절을 했다. 석륵과 석호는 예전에 단필제와 의형제를 맺은 사이였기 때문이다. 석륵은 단필제를 관군장군으로 삼고 단문앙을 좌중랑장으로 삼았다. 단필제가 다스리던 동진의 세 주는 후조의 영역이 되었고, 단필제 형제는 이제 후조의 신하가 되었다.

이들은 후조에서 오래도록 살다 죽었는데, 후조에서 사는 동안 그들은 후조의 왕인 석륵에게 예의를 차리지 않았다. 조정에 나갈 때도 동진의 조복을 입었고, 동진에서 관직을 받을 때 신표로 받은 부절을 항상 들고 다녔다. 끝까지 동진의 황제에게 충성심을 보인 것이다. 이렇게 끝까지 동진을 흠모한 단씨 형제의 특별한 충성심과 이들을 끝까지 대접한 후조 석씨의 특별한 우정은 시대를 막론한 보기 드문 관계로 역사에 회자되고 있다.

092
가족에게도 외면당한
왕돈의 반역 모의

동진시대 14 (322년~323년)

　강남 지역에 동진을 세운 원제 사마예는 나라를 건국하는 과정에서 왕씨 집안의 큰 도움을 받았다. 왕돈은 군사적인 일을 맡았고, 왕도는 내치를 맡아 사마씨를 도왔는데, 원제가 동진을 건국하는 데 성공하자 자신들의 공을 내세우며 교만하고 방자해졌다.

　원제는 이런 왕돈을 싫어하여 조금씩 정치에서 소외시켜 나갔다. 원제가 자신을 멀리하고 있다는 것을 느낀 왕돈은 군사를 일으켜 도읍인 건강을 포위하고 동진의 모든 권력을 장악했다. 이 일로 사마예는 화병이 나서 죽었다.

　원제의 뒤를 이어 그의 아들인 사마소가 황위에 올랐는데, 이 사람이 명제다. 왕돈은 모든 권력을 다 움켜쥔 것에 만족하지 않고, 황제가 되려는 계획을 세웠다. 동진에 반역을 꾀한 것이다. 왕돈은 모사인 전봉과 함께 역모를 꾸몄는데, 엉뚱하게도 이 계획이 조카 왕윤지에게 새어나가고 말았다.

　왕돈은 총명한 왕윤지를 총애하여 항상 데리고 다녔다. 그는 한밤중에 항상 술을 마셨는데, 어느 날 밤 조카 왕윤지도 삼촌과 함께 술을 마시게 되었다. 왕윤지는 먼저 취하여 자리에 누웠다가 왕돈이 전봉과 반역을 모의하는 말을 듣게 되었다.

들지 말아야 할 말을 들은 왕윤지는 위기감을 느끼고 목구멍 깊숙이 손가락을 넣어 그날 밤에 먹은 것을 다 토하여 이부자리를 더럽혔다. 그리고는 술에 취하여 정신없이 자는 것처럼 누워 있었다. 반역 모의한 것을 들은 것이 왕돈에게 알려진다면 살아남기 어려울 것이라 생각한 것이다.

이러한 왕윤지의 예상은 그대로 들어맞았다. 전봉을 보낸 왕돈이 왕윤지가 자는 방에 들어온 것이다. 그는 왕윤지가 토해 놓고 자는 모습을 보고 안심했다. 자기들의 반역 모의를 듣지 못한 것으로 생각하고 의심하지 않은 것이다.

아침이 되자, 왕윤지는 조정에서 정위의 벼슬을 받은 아버지 왕서에게 인사를 가야 한다는 핑계를 대고 왕돈의 집을 빠져나왔다. 아버지 왕서를 만난 왕윤지는 왕돈과 전봉이 반역 모의한 내용을 모두 알렸고, 왕돈과 협력하여 진나라를 부흥시킨 왕도가 명제에게 이 사실을 보고했다. 왕돈은 군사를 일으켰으나 이들이 힘을 합해 대비책을 세우니 성공하지 못하고 병들어 죽었다.

백성들의 환호를 받은 도간

동진시대 15 (324년~327년)

흉노·갈·선비·저·강의 이민족 오호에게 중원 지역을 내주고 남쪽으로 밀려와 진나라를 잇게 된 동진은 여전히 어려운 세월을 보내야 했다. 걸핏하면 군사를 가진 사람들이 반란을 일으켰으므로 이를 토벌하기 위해 힘을 쏟아야 했던 것이다.

325년, 동진의 명제 사마소가 등극하고 3년 되던 해 5월에 도간을 정서대장군·도독형상옹양사주제군사·형주자사로 삼으니, 형주의 남녀노소가 서로 환호하며 기뻐했다. 자기가 사는 지역을 다스리게 될 관리에 대해 백성들이 이렇게 환영하는 일은 그리 흔치 않은 일이었다. 대부분의 관리는 본연의 임무보다 수탈하는 일에 몰두했으므로 누가 오든지 백성들은 그저 소 닭 보듯 하는 경우가 대부분이었기 때문이다.

그 이유는 바로 도간에게 있었다. 도간은 성품이 총명하고 민첩하며 공손하고 부지런했다. 온종일 다리를 오므리고 꼿꼿하게 앉아 대장군부의 여러 가지 일을 살필 때 하나도 빠뜨리는 것이 없으니 조금도 한가한 틈이 없었다. 그는 항상 사람들에게 이렇게 말했다.

"위대하신 우 임금은 성인이신데도 촌음을 아꼈으니, 보통 사람들은 응당 분초를 아껴야 할 것이오."

도간을 보좌하는 관리나 장교 중에는 술과 농담을 즐기거나 도박을 하면서 세상에서 통달했다고 으스대는 사람이 있었다. 이런 사람을 보면 도간은 그들이 사용한 술잔과 도박 기구를 가져오게 하여 모두 강물에 집어던졌다. 그리고는 이들을 회초리로 치면서 말했다.

"군자는 마땅히 위엄 있는 모습을 올바르게 보여야 하는데, 머리를 산발하고 맨발로 있으면서 어찌 넓게 통달했다고 말한단 말이냐?"

또 먹을 것을 바치는 사람이 있으면 그것이 어디서 났는지 묻고, 힘들여 얻었다면 비록 미미한 것일지라도 즐거워하며 위로한 후 세 배로 갚아주었다. 그러나 이치에 맞지 않게 얻은 것이라면 엄하게 꾸짖은 뒤 그대로 돌려보냈다.

한번은 도간이 밖에 나갔다가 덜 익은 벼를 갖고 있는 사람을 보게 되었다. 도간이 그에게 덜 익은 벼로 무엇을 하려 하느냐고 묻자, 그는 길을 지나오다 보이길래 그냥 뜯었다고 답했다.

"너는 농사도 짓지 않으면서 놀이 삼아 다른 사람의 벼를 도적질한 것이냐?"

도간이 크게 화를 내며 그를 잡아 매질을 하니, 백성들은 부지런히 농사를 지었고 집집마다 풍족하게 되었다.

또 배를 만드는 과정에서 나오는 나무 조각과 대나무 조각을 모두 기록하여 관리하게 했는데, 사람들은 모두 그 까닭을 이해하지 못했다. 얼마 지나지 않아 정월 모임이 있었는데, 청사 앞에 눈이 녹아 질퍽하게 되자 도간은 나무 부스러기를 땅에 깔게 했다.

그로부터 20년 후, 동진의 환온 장군이 촉을 정벌하게 되자 도간은 저장해 둔 대나무 조각으로 못을 만들어 배를 만드는데 사용하게 했다. 혼란스럽고 내부 분열이 극심했던 동진이 100여 년을 버틸 수 있었던 것은 도간처럼 묵묵히 맡은 바 임무에 충실했던 사람들이 있었기 때문일 것이다.

094
임금 노릇하기 힘든 석륵

진나라 때 만리장성 북쪽에 살던 이른바 다섯 오랑캐, 흉노·
갈·선비·저·강의 오호가 만리장성을 넘어 중원 땅으로 들어왔
다. 갈족인 석륵도 이때 중원으로 내려왔는데, 그는 담력이 크고
말을 탄 채 활쏘기를 잘했다.

그때 진나라의 사마등은 호족을 잡아다 팔아 군대의 급식을
충당했다. 석륵도 사환에게 팔려 노예가 되었는데, 그의 모습을
기이하게 본 사환이 풀어 주어 자유의 몸이 되었다. 사환의 집
근처에 있는 말 목장 주변에 기거하던 석륵은 말 목장의 우두머
리와 함께 장사들을 집결시켜서 도적떼를 만들었다.

공사번이 군사를 일으키자 석륵은 수백 명의 기병을 인솔하
고 그에게 갔다. 이렇게 해서 석륵은 노예였다가 도적떼가 되었
고, 도적떼에서 장수가 된 입지전적 인물이 되었다. 그 후에는
유연이 세운 한(전조)의 장수가 되어 혁혁한 공로를 세움으로써
산동 지역의 강자가 되었다.

319년, 석륵은 한(전조)에서 독립하여 후조(後趙)를 세운다. 노

예에서 시작하여 왕조를 세운 것이다. 후조의 세력이 날로 커져 당시에 있던 그 어느 나라보다 강하고 큰 나라가 되자 석륵은 이제 그만 편안하게 즐기며 살고 싶어졌다.

석륵이 도읍인 업으로 가서 궁궐을 크게 지으려 하자, 정위 속함이 반대의 간언을 올렸다. 화가 난 석륵이 그의 목을 베려 하자, 이번에는 중서령 서광이 말했다.

"속함의 말은 받아들이지 않아도 되지만, 그는 그대로 받아주어야 합니다. 곧은 소리를 했다는 이유로 경의 자리에 오른 사람의 목을 벨 수는 없습니다."

서광의 말뜻은 옳은 말 하는 사람을 죽이는 것은 다른 사람에게 앞으로 옳은 말은 하지 말라는 것이 되고, 그렇게 된다면 옳은 말을 하는 사람이 없는 조정이 되어 나라가 망하게 된다는 것이었다.

이 말을 들은 석륵이 탄식하며 말했다.

"임금이 되었지만 아무것도 마음대로 할 수 없구나! 비단 100필을 가지고 있는 필부는 이것을 팔아 집을 살 수 있는데, 부유하기가 사해를 가진 경우에야! 이 궁궐은 마땅히 지어야 할 것인데도, 칙령으로 중지시켜 곧은 신하의 기개를 만들어 주어야겠구나!"

필부였다면 돈을 벌어 자기 마음대로 쓸 수 있을 터인데, 천하를 다 가진 황제가 되어서는 마음대로 집 하나 지을 수 없음을 한탄한 것이다.

석륵은 속함에게 비단 100필과 벼 100곡을 내리고, 똑똑한 사람을 천거하라고 명령했다. 그리고 궁궐을 짓기보다는 명당·벽옹·영대와 같은 교육 기관과 제사 지내는 건물을 먼저 지었다. 곧은 말을 하는 신하의 뜻을 따름으로써 나라를 보존한 것이다.

095
후조의 황제 석호가
불교를 지키는 방법

동진시대 17 (332년~337년)

한족(漢族)만 거주하던 중원 지역은 한나라가 망하면서 북방 지역에 살던 이민족 오호의 차지가 되었고, 한족들은 남쪽으로 쫓겨나 남조(南朝)를 이루었다.

한 왕조가 망한 후 혼란한 세상을 피해 산 속으로 들어가 노장 사상을 공부하는 사람이 많아졌고, 세속에서 벗어나는 것을 이상으로 하는 불교도 번성하게 되었다.

전한시대 말에 중국으로 들어온 불교는 후한대에 공식적으로 인정을 받았다. 그러나 이때는 유교를 국가의 이념으로 삼고 있었기 때문에 불교는 그다지 번성하지 못했다.

위진시대에 이르러 서역에서 많은 승려들이 중원으로 들어오면서 불경도 한문으로 번역되었고, 승려가 최고의 지식인으로 대우받게 되었다. 남조에서는 재상이 승려에게 직접 찻물을 끓여 대접할 정도로 불교는 융성해졌다.

후조를 세운 석륵은 천축국에서 온 승려 불도징의 자문을 받으며 정치를 했다. 천축국은 지금의 인도를 말한다.

불도징이 앞으로 일어날 일의 성패를 미리 맞히는 일이 많았으므로 황제가 된 석륵은 불도징을 극진히 공경했다. 석륵의 뒤를 이어 황제가 된 석호도 불도징을 극진하게 섬겼다. 비단옷을 입게 하고, 화려한 연을 타게 했으며, 조회가 열리는 날에는 태자와 여러 공작들에게 불도징을 부축하여 계단을 오르게 했다. 불도징은 '대화상(大和尙)'이라는 존칭으로 불렸다. 온 나라가 불도징을 공경하여, 그가 있는 곳 쪽으로는 침도 뱉지 않았다.

이렇게 승려가 대우를 받게 되자 사람들은 다투어 절을 지었다. 승려에게 부역이 면제되는 등 사회적인 대우가 늘어나자 머리를 깎고 출가하는 사람이 많아졌다.

하지만 이에 따른 부작용도 나타나기 시작했다. 부역을 담당하기 싫어 약삭빠르게 머리를 깎은 가짜 승려가 늘어난 것이다. 이들은 산속에 들어가 수행하기 위해 삭발하는 것이 아니라 단지 부역을 피하기 위해 삭발을 감행했다.

이런 사람들이 늘어나자 대신들은 세태를 비판하며 나라 걱정에 휩싸였다. 황제인 석호 역시 걱정스럽기는 마찬가지였다. 그리하여 마침내 황제가 명을 내렸다.

"앞으로 출가하고 싶은 사람은 허락을 받으라."

불교를 좋아하는 황제가 가짜 승려를 배척하겠다는 명을 내린 것은 다름아닌 불교를 지키기 위한 일이었다.

096
약삭빠른 사예교위와
무식한 황제 석호

4세기 중국의 남쪽에는 동진이 있었고, 북서쪽에는 전조가 망한 후 후조가 강성해지고 있었으며, 서북쪽으로 성(成)과 전량(前涼)이 있어 서로 각축하며 긴장 관계를 유지하고 있었다.

그 중에서 석씨의 후조는 중원 지역에서 먼저 일어났던 전조를 멸망시키면서 명실공히 중원의 강자가 되었다. 북쪽에 성나라와 전량이 있긴 했지만 그들은 큰 세력이 아니었으므로, 후조는 동진과 맞서야 하는 상황이 되었다.

새롭게 왕조를 건설한 후조는 어떻게 해서든 국력을 튼튼히 하고 사람들의 마음을 하나로 모아야 하는 입장이었다. 이런 시기에 중원 지역의 중심부인 기주에서 황충이 번져 나갔다. 풀무치 떼가 몰려들어 푸른 잎을 다 갉아먹어 버리자, 농사를 다 망치게 된 것이다.

황충의 재해는 여기서 그치지 않고 기주에 속한 여덟 군으로 퍼져 나갔다. 걷잡을 수 없는 황충의 피해가 이렇게 널리 퍼졌으니 후조로서는 큰일이 아닐 수 없었다. 더욱이 민심마저 흉흉

해지고 있었으므로 경사 지역의 치안 책임을 맡고 있는 사예교위로서는 어떻게든 이 문제를 해결해야만 했다.

사예교위는 해결 방법을 고민하던 끝에 황충이 번진 것은 태수들이 이를 미리 막지 못한 데 있다는 결론을 내렸다. 그러므로 이들에게 책임을 물어 조정에서 처벌을 내리면 황충에게 농작물을 잃은 농민들도 마음이 후련해질 것이니 별다른 치안의 문제가 발생하지 않을 것이라고 생각한 것이다.

사예교위의 해법은 후조의 황제 석호를 위기에서 구할 방법으로 해석될 수도 있었다.

"황충이 극성을 부린 것은 각 군의 태수들이 제대로 대처하지 못한 때문입니다. 그러니 이들을 처벌해야 합니다."

황제인 석호는 원래 많은 공부를 한 사람이 아니다. 그는 후조를 세운 석륵의 조카인데, 어렸을 때 성격이 포악했다. 그가 17세가 되었을 때, 사람들은 그를 죽이는 것이 낫다고 생각하는 경우가 많았다. 후조를 세운 황제 석륵도 고민에 빠졌는데, 그의 어머니가 반대하며 말했다.

"빠른 소는 송아지 때 대부분 수레를 부수는 법이니, 조금만 더 참아 보아라."

어머니의 말대로 석호는 자라면서 연전연승의 장수가 되었고, 석륵의 뒤를 이어 후조의 황제 자리에 올랐다.

석호는 사예교위의 정책에 찬성할 수 없었다. 얄팍한 꾀로 위기를 모면하려는 처사는 오히려 더 큰 화를 불러올 수 있기 때문이다. 전장에서 뼈가 굵은 석호에게는 어려움이 있더라도 정면으로 맞서 해결하는 것이 옳은 정책이었다.

"황충으로 벌어진 재앙이 정치 때문이라면 그 잘못은 최고 책임자인 왕에게 있는 것이지, 지방관인 태수에게 있는 것이 아니다. 사예는 정직한 언론을 올리지 않고, 오직 짐에게 허물이 이르지 않도록 보좌하기 위해 죄 없는 사람들을 망령되게 모함했으니 그를 백의로 직책을 관장토록 하라."

백의란 관직을 가진 관리가 잘못을 저질렀을 때 관복을 입지 못한 채로 근무하는 벌이다. 얄팍한 정략은 통하지 않음을 보인 것이다.

석호의 말에서는 황제가 모든 책임을 지는 고대의 정치적 이상이 그대로 드러나고 있다. 어렸을 때 말썽꾸러기였고 공부도 많이 하지 않았던 석호가 아이러니하게도 이상 정치를 실천하고 있는 것이다.

097
내기를 잘 하는 환온의 선택

동진시대 19 (342년~347년)

진 왕조를 세운 사마염이 죽자 그의 아들 사마충이 황위에 올랐다. 사마충은 콩과 보리도 구별하지 못하는 바보로 알려져 있는데, 여기서 '분별력이 없는 사람'을 이르는 '숙맥(菽麥)'이라는 말이 나왔다. 이처럼 황제가 변변치 못하다보니 황족인 여덟 명의 사마씨들은 각기 군사를 가지고 권력을 잡으려 8왕의 난을 일으킨다. 나라가 이 꼴이다 보니 진나라 조정은 전국을 통치할 수 없었다.

이특은 예전에 유비가 자리 잡았던 촉 땅에 독립된 정권을 세우고 나라 이름을 '한(漢)'이라 했다. 이를 촉 지역의 도읍인 성도(成都)에 있다고 하여 '성한(成漢)'이라 불렀다. 성한은 작은 나라였지만 사방이 산으로 둘러싸였고, 성도 지역은 농사짓기에 좋아서 그런대로 잘 살았다.

중원 지역에서는 8왕의 난 끝에 진나라의 황제인 회제 사마치와 민제 사마업이 흉노가 세운 한(전조)에 차례로 잡혀갔다. 황제를 잃은 진나라는 도읍인 낙양을 버리고 양자강 유역의 건강에서 나라를 재건하는 격변 기간을 보내기 시작했다.

이런 와중에도 촉 지역의 성한은 큰 영향 없이 편안하게 지냈다. 성한의 평화는 40년 동안 이어져 창업 군주인 이특의 뒤를 이은 이웅, 이반, 이수, 이세에 이르기까지 별다른 문제없이 독립 정권이 유지되었다.

이처럼 견고한 평화의 분위기는 이세 대에 이르러 흔들리기 시작했다. 교만해진 이세가 나랏일을 소홀히 하고, 아첨하는 사람을 가까이하며, 가혹한 형벌로 정치를 이끌어 나간 것이다. 사람들의 마음은 자연히 성한에서 떠나갔다.

이때 동진의 안서장군 환온이 성한을 치러 나섰다. 촉 지역을 차지한 성한을 치는 것은 동진의 숙원 사업이었는데, 성한의 산세가 험하고 방어하기 좋은 지세를 가지고 있었기에 차마 실행하지 못하고 있었다.

이런 이유로 환온이 성한을 치러 갈 때도 대부분의 사람들이 걱정하는 말을 했다. 오직 유담만 환온이 이길 것을 장담했다.

"환온은 평소 내기를 잘 하는데, 이기지 않을 것이라면 아예 하지도 않는다."

환온의 평소 성격으로 보아 이기지 못할 전쟁은 하지 않는다는 것이다.

환온이 군사를 이끌고 성으로 들어가는 입구 팽모에 도착했다. 이제 곧 성한의 국경을 넘어 공격할 시점이 되었는데, 그 방법을 놓고 의견이 분분해졌다. 대부분의 사람들은 군사를 둘로 나누어 양쪽에서 진격하자는 의견을 내놓았다. 그러면 성한의 군사도 분산될 것이니 안정적으로 전쟁을 치를 수 있다는 의견이었다.

하지만 원교는 이를 반대했다.

"보통의 경우라면 그 작전이 맞겠으나 지금은 경우가 다릅니다. 지금 우리 동진의 군대는 도읍을 떠나 아주 먼 길을 달려왔습니다. 긴 보급로가 언제 끊어질지 모르는 상황에서 태평하게 시간을 두어 작전할 수 없는 것입니다.

그러니 병사들에게 3일치의 양식만 주고 밥 짓는 솥을 모두 깨버려야 합니다. 그 양식을 다 먹을 때까지 승리하여 성도에서 양식을 구해 먹지 못하면 굶어 죽을 수밖에 없도록 해야 하는 것입니다."

원교의 작전을 받아들인 환원은 승리를 거두었고, 이세를 붙잡아 건강으로 압송했다.

중권에 계속

▶전한시대 황제표

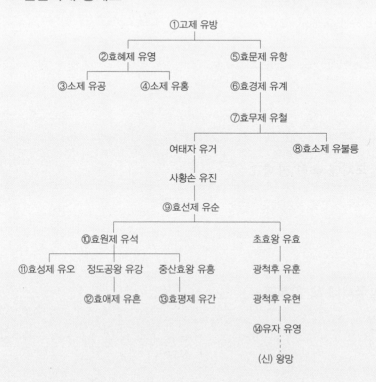

```
                    ①고제 유방
          ┌──────────────┴──────────────┐
    ②효혜제 유영                    ⑤효문제 유항
   ┌──────┴──────┐                      │
③소제 유공    ④소제 유홍           ⑥효경제 유계
                                        │
                                  ⑦효무제 유철
                             ┌──────────┴──────────┐
                        여태자 유거              ⑧효소제 유불릉
                             │
                        사황손 유진
                             │
                        ⑨효선제 유순
               ┌─────────────┴─────────────┐
         ⑩효원제 유석                    초효왕 유효
      ┌────────┼────────┐                 │
⑪효성제 유오  정도공왕 유강  중산효왕 유흥   광척후 유훈
              │            │              │
         ⑫효애제 유흔  ⑬효평제 유간      광척후 유현
                                          │
                                     ⑭유자 유영
                                          ┊
                                     (신) 왕망
```

▶후한시대 황제표

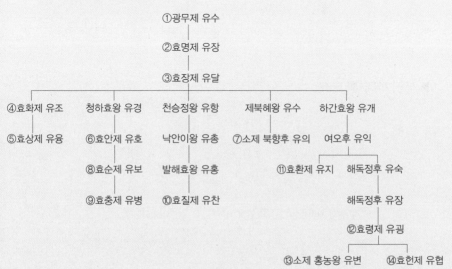

```
                              ①광무제 유수
                                  │
                              ②효명제 유장
                                  │
                              ③효장제 유달
   ┌──────────┬──────────────┬──────────────┬──────────────┐
④효화제 유조  청하효왕 유경  천승정왕 유항  제북혜왕 유수  하간효왕 유개
   │            │            │              │              │
⑤효상제 유융  ⑥효안제 유호  낙안이왕 유총  ⑦소제 북향후 유의  여오후 유익
                │            │                         ┌────┴────┐
           ⑧효순제 유보  발해효왕 유홍            ⑪효환제 유지  해독정후 유숙
                │            │                                  │
           ⑨효충제 유병  ⑩효질제 유찬                      해독정후 유장
                                                                │
                                                           ⑫효령제 유굉
                                                      ┌─────────┴─────────┐
                                                ⑬소제 홍농왕 유변      ⑭효헌제 유협
```

▶삼국시대 위 황제표

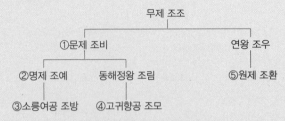

무제 조조
①문제 조비
연왕 조우
②명제 조예
동해정왕 조림
⑤원제 조환
③소릉여공 조방
④고귀향공 조모

▶삼국시대 촉한 황제표

①소열제 유비
②후주 유선

▶삼국시대 오 황제표

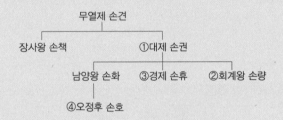

무열제 손견
장사왕 손책
①대제 손권
남양왕 손화
③경제 손휴
②회계왕 손량
④오정후 손호

▶서진시대 황제표

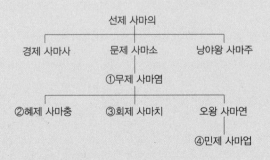

선제 사마의
경제 사마사
문제 사마소
낭야왕 사마주
①무제 사마염
②혜제 사마충
③회제 사마치
오왕 사마연
④민제 사마업

▶동진시대 황제표

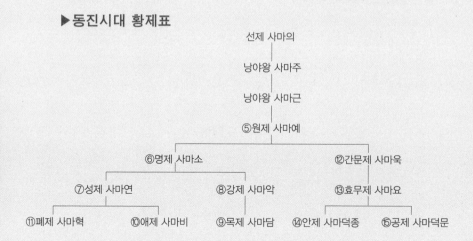

선제 사마의

낭야왕 사마주

낭야왕 사마근

⑤원제 사마예

⑥명제 사마소   ⑫간문제 사마욱

⑦성제 사마연   ⑧강제 사마악   ⑬효무제 사마요

⑪폐제 사마혁   ⑩애제 사마비   ⑨목제 사마담   ⑭안제 사마덕종   ⑮공제 사마덕문

▶5호16국 흥망표

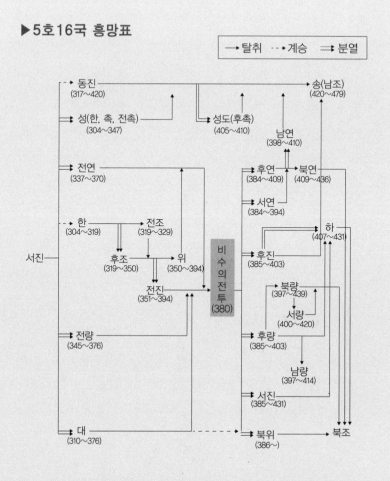

→ 탈취   ⋯→ 계승   ⇒ 분열

동진 (317~420)

송(남조) (420~479)

성(한, 촉, 전촉) (304~347)

성도(후촉) (405~410)

남연 (398~410)

전연 (337~370)

후연 (384~409)   북연 (409~436)

서연 (384~394)

서진

한 (304~319)   전조 (319~329)

하 (407~431)

후조 (319~350)   위 (350~394)

후진 (385~403)

전진 (351~394)

비수의전투 (380)

북량 (397~439)

서량 (400~420)

전량 (345~376)

후량 (385~403)

남량 (397~414)

서진 (385~431)

대 (310~376)

북위 (386~)

북조

▶5호16국 종족 분류표

종족	나라이름	기 간	창업자	도 읍 지
흉노	전조(한)	304~329년	유연	평양(한)
		304~329년	유요	장안(전조)
	북량	397~439년	단업	장액
		397~439년	저거몽손	장액
	하	407~431년	혁련발발	통만
갈	후조	319~350년	석륵	양국 → 업성
선비	전연	384~409년	모용외	용성 → 계 → 업성
	후연	384~409년	모용수	중산
	★서연	384~394년	모용충	장안 → 장자
	남연	398~410년	모용덕	광고
	서진	385~431년	걸복국인	용사보 → 금성
	남양	397~414년	독발오고	겸천보 → 낙도
	★요서	303~338년	단무물진	영지
	★대(위)	315~376년	탁발의려	성락(북도) 평성(남도)
저	성한	302~347년	이특	성도
	전진	351~394년	부홍	장안
	후양	386~403년	여광	고장
	★구지	296~371년	양무수	구지
강	후진	384~417년	요익중	장안
한인	전량	301~376년	장궤	고장
	★위	350~352년	염민	업성
	서량	400~420년	이고	주천
	북연	409~436년	풍발	화룡
	★후촉	405~413년	초종	성도

▶남북조 송시대 황제표

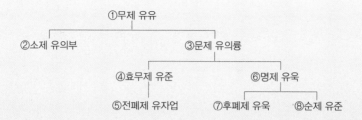

①무제 유유
②소제 유의부　　　③문제 유의륭
④효무제 유준　　　⑥명제 유욱
⑤전폐제 유자업　　⑦후폐제 유욱　⑧순제 유준

▶남북조 제시대 황제표

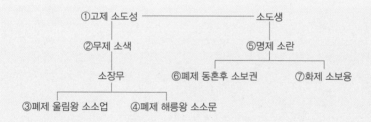

①고제 소도성 ——————— 소도생
②무제 소색　　　　　⑤명제 소란
소장무　　⑥폐제 동혼후 소보권　⑦화제 소보융
③폐제 울림왕 소소업　④폐제 해릉왕 소소문

▶남북조 양시대 황제표

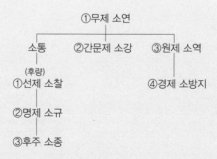

①무제 소연
소통　②간문제 소강　③원제 소역
(후량)
①선제 소찰　　　　④경제 소방지
②명제 소규
③후주 소종

▶남북조 북위시대 황제표

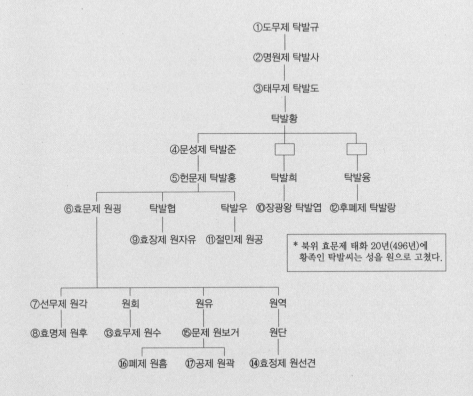

①도무제 탁발규

②명원제 탁발사

③태무제 탁발도

탁발황

④문성제 탁발준

⑤헌문제 탁발홍 　　탁발희 　　탁발융

⑥효문제 원굉 　　탁발협 　　탁발우 　　⑩장광왕 탁발엽 　　⑫후폐제 탁발랑

⑨효장제 원자유 　　⑪절민제 원공

* 북위 효문제 태화 20년(496년)에 황족인 탁발씨는 성을 원으로 고쳤다.

⑦선무제 원각 　　원회 　　원유 　　원역

⑧효명제 원후 　　⑬효무제 원수 　　⑮문제 원보거 　　원단

⑯폐제 원흠 　　⑰공제 원곽 　　⑭효정제 원선견

▶남북조 북제시대 황제표

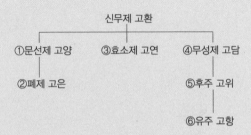

신무제 고환

①문선제 고양 　　③효소제 고연 　　④무성제 고담

②폐제 고은 　　⑤후주 고위

⑥유주 고항

▶남북조 북주시대 황제표

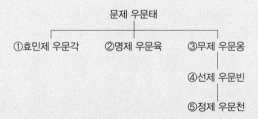

문제 우문태

①효민제 우문각   ②명제 우문육   ③무제 우문옹

④선제 우문빈

⑤정제 우문천

▶남북조 진(陳)시대 황제표

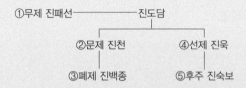

①무제 진패선————진도담

②문제 진천   ④선제 진욱

③폐제 진백종   ⑤후주 진숙보

▶위진남북조 전개도

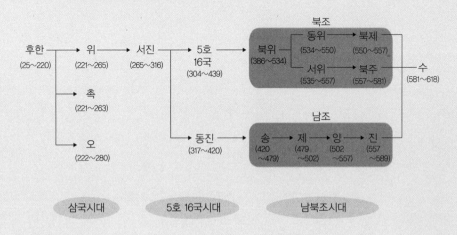

북조

후한
(25~220)

위
(221~265)

서진
(265~316)

5호
16국
(304~439)

북위
(386~534)

동위
(534~550)

북제
(550~557)

서위
(535~557)

북주
(557~581)

수
(581~618)

촉
(221~263)

오
(222~280)

동진
(317~420)

남조

송
(420
~479)

제
(479
~502)

양
(502
~557)

진
(557
~589)

삼국시대   5호 16국시대   남북조시대

▶ 수시대 황제표

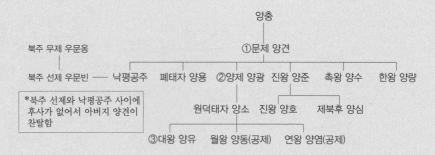

양충

북주 무제 우문옹

북주 선제 우문빈 ── 낙평공주　폐태자 양용　②양제 양광　진왕 양준　촉왕 양수　한왕 양량

①문제 양견

*북주 선제와 낙평공주 사이에
후사가 없어서 아버지 양견이
찬탈함

원덕태자 양소　진왕 양호　제북후 양심

③대왕 양유　월왕 양동(공제)　연왕 양염(공제)

▶ 당시대 황제표

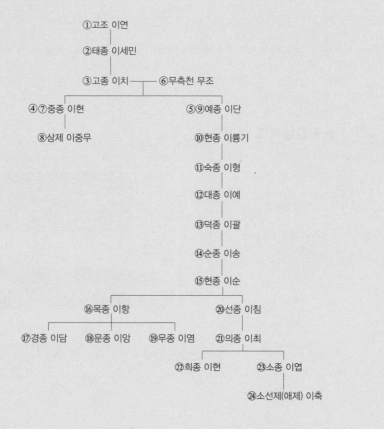

①고조 이연

②태종 이세민

③고종 이치 ── ⑥무측천 무조

④⑦중종 이현　　　⑤⑨예종 이단

⑧상제 이중무　　　⑩현종 이륭기

⑪숙종 이형

⑫대종 이예

⑬덕종 이괄

⑭순종 이송

⑮현종 이순

⑯목종 이항　　　⑳선종 이침

⑰경종 이담　⑱문종 이앙　⑲무종 이염　　㉑의종 이최

㉒희종 이현　　㉓소종 이엽

㉔소선제(애제) 이축

▶5대10국 흥망표

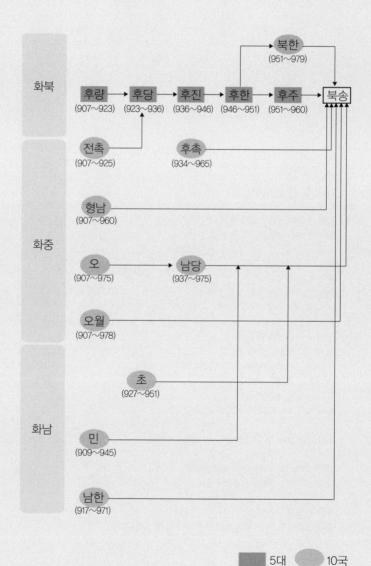

3권으로 읽는
자치통감 294·상

2016년 12월 2일 초판 1쇄 찍음
2021년 6월 24일 초판 2쇄 펴냄

지은이   권중달
펴낸이   정철재
만든이   권희선 문미라 강선영
디자인   황지영

펴낸곳   도서출판 삼화
등 록   제320-2006-50호
주 소   서울 관악구 남현1길 10, 2층
전 화   02)874-8830
팩 스   02)888-8899
홈페이지 www.samhwabook.com

도서출판 삼화, 2021, Printed in Seoul Korea

ISBN 979-11-5826-061-3 (04910)
ISBN 979-11-5826-060-6 (세트)